실사구시에서 답을 찾다

실사구시에서 답을 찾다

발 행 | 2017년 11월 24일

지은이 | 이진훈
펴낸이 | 신중현
펴낸곳 | 도서출판 학이사
　　　　출판등록 : 제25100-2005-28호
　　　　주소 : 대구광역시 달서구 문화회관11안길 22-1(장동)
　　　　전화 : (053) 554~3431, 3432
　　　　팩스 : (053) 554~3433
　　　　홈페이지 : http : // www.학이사.kr
　　　　이메일 : hes3431@naver.com

ISBN _ 979-11-5854-106-4 03320

이 도서의 국립중앙도서관 출판예정도서목록(CIP)은 e-CIP 홈페이지
(http://seoji.nl.go.kr)와 (http://www.nl.go.kr/kolisnet)에서 이용하실 수 있
습니다.(CIP제어번호: CIP2017030481)

이진훈과 정약용이 말하는 도시경영

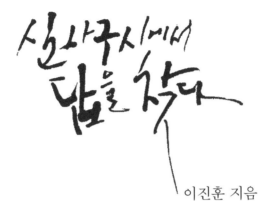

실사구시에서
답을 찾다

이진훈 지음

學而思 | 학이사

책을 펴내며

첫 번째 책 『역동하라 대구경제』를 출간한 지 꼭 4년이 흘렀습니다. 공론이 사라진 대구에서 제가 먼저 매를 맞겠다는 각오로 화두를 던지고 나름의 답을 내놓은 뒤 많은 분들을 만났습니다. 국가 정책을 설계하고 추진하는 분에서부터 주민 생활 현장의 소소한 일들을 실행하는 분에 이르기까지, 각 분야에서 최고의 권위를 떨치고 있는 전문가에서부터 먹고사는 일이 더 급한 서민에 이르기까지 참으로 각양각색의 말씀을 듣고 새겼습니다.

그 속에서 제가 가야 할 길을 찾았습니다. 4차 산업혁명의 거대한 물결이 '무엇을' 보다 '어떻게'를 더 앞세우는 시대적 변화 역시 제가 추구해야 할 방향을 보여주었습니다. 행정은 일이 되도록 하고, 정치는 삶을 변화시킬 수 있도록 만들기 위해 '어떻게' 현실을 파악하고, '어떻게' 방법을 찾아내서, '어떻게' 결과를 이루어내느냐에 더 깊은 공부와 실천이 필요하다는 것이었습니다.

왜 실사구시인가?

많은 만남과 공부 속에서 국가와 지방자치단체의 의미와 기능, 리더에게 필요한 자질과 역할 등에 대해 고민하던 어느 순간 '실사구시實事求是' 한마디가 거대한 의미로 다가왔습니다. 친숙하지만 명확히 제 것으로 만들지 못하고 있던, 실천한다고 생각했지만 완전히 체화되지는 않았다는 마음에 늘 숙제처럼 여기던 말이었습니다. 마침 여러 정치인들이 자기 필요에 따라 마구잡이로 끌어다 쓰는 통에 오히려 본래의 의미가 잘못 받아들여지고 있는 듯해 안타까움이 크던 참이었습니다.

현장을 다니고 일을 하며 사람들을 만나고 틈틈이 책을 읽으며 실사구시의 의미를 이리저리 곱씹고 새겨보았습니다. 그랬더니 행정가와 정치인으로 30여 년을 치열하게 살아온 저의 삶이 실사구시 한마디에 정리가 되고, 도시경영의 올바른 방향과 방법에 대한 해답 역시 그 한마디에 담을 수 있었습니다.

왜 정약용인가?

실사구시에 대한 궁구窮究의 과정 속에서 다산 정약용 선생을 만난 건 지극히 당연한 일이었습니다. 특히 『목민심서』 서문의 두 문장은 저의 가슴에 큰 울림을 주었습니다. '군자의 학문은 수신이 반이고, 나머지 반은 목민이다.'라는 준엄한 정의와 '심서心書라 한 것은 무슨 까닭인가? 목민할 마음은 있으나 몸소 실행할 수 없기 때문에 심서라 이름한 것이다.'라는 안타까운 백성 사랑은 오늘날에도 결코 의미가 퇴색되지 않는다 하겠습니다.

이후 『다산 정약용 평전』을 비롯한 박석무 다산연구소 이사장님의 저서들, 『다산선생 지식경영법』을 비롯한 한양대 정민 교수님의 연구서들을 읽으며 선생의 삶과 학문, 현실을 대하는 자세와 문제해결 방법론에 대한 이해를 다졌습니다. 다산연구회에서 각고의 노력 끝에 펴낸 『정선 목민심서』를 통해 선생의 목민정신을 더 깊이 받아들였습니다. 다산학술문화재단에서 20년 가까이 발간하고 지원해온 학술지와 학술논문, 연구서들과 함께 다산연구소를 통해 소개되는 자료와 글들은 선생과 실사구시에 대한 저의 생각을 더욱 다질 수 있도록 해주었습니다.

이 정도의 공부로 감히 선생을 저의 졸저에 모신다는 건 언감생심이지만, 용기를 내었습니다. 위대한 학자라는 말 한마디로는 도저히 담을 수 없는 선생의 엄청난 연구와 실천, 저술들을 조금이라도 쉽게 일반에 알리려면 오히려 풋내기의 얕은 이해가 더 도움이 될 수 있다고 생각했습니다. 백성을 사랑하는 일과 나라를 다스리는 일을 누구보다 깊이 고민하고 실천하며 쌓은 선생의 정신을 알리는 데는 오히려 정치와 행정 현장의 실제를 담는 것이 한편으론 나을 수도 있다고 생각했습니다.

이진훈의 실사구시란?

정약용 선생을 비롯한 실학자들, 이후 많은 연구자들의 실사구시에 대한 견해를 저 나름대로 오늘날 상황에 맞게 정리해 봅니다.

'실實' 이란 열매 맺게 만든다는 것, 알차고 쓸모 있게 되도록 한다는 것, 공허한 주장이나 겉만 번지르르한 말장난이 아니라 실현 가능한 일을 온 힘을 다해 이루어내는 것입니다.

'사事'란 시민들의 삶과 연관된 모든 일, 도시의 미래 설계에서부터 소외된 이웃 한 사람 한 사람의 구석진 일상까지 같은 무게로 받아들여 소임과 책무로 실천해야 하는 일입니다.

'구求'란 지극한 마음으로 최선을 다하는 것, 지식을 쌓고 지혜를 모으고 용기 있게 나서는 것, 하루 24시간 허투루 보내지 않고 고민하며 정성을 쏟아 결단하고 나아가는 마음입니다.

'시是'란 옳고 바른 것, 도시에 역동성이 넘치게 하고 시민들에게 자부심과 행복감이 들 수 있도록 해 주는 방향이며 가치를 높이고 미래를 풍성하게 만드는 비전입니다.

그래서 실사구시란 일을 쓸모에 맞게 바른 방향을 정해 충실한 성과를 만드는 것을 말합니다. 이진훈의 실사구시는 일이 되도록 하는 행정, 삶을 변화시키는 정치입니다.

도시경영과 실사구시

세계는 바야흐로 도시의 시대입니다. 2025년에는 세계 인구의 60% 이상이 도시에서 거주할 것으로 예측되고, 2030년에는 인구 500만 명이 넘는 도시가 150개를 훌쩍 넘어서리란 전망이 나옵니다. 도시는 단순히 사람들이 많이 모이는 장소가 아니라 투자를 일으키고 성장을 이끌어내면서 때론 협조하고 때론 경쟁하면서 스스로 미래를 만들어가는 거대한 유기체입니다.

도시를 경영한다는 말이 나온 것도, 크고 작은 분야에서 도시를 이끌어가는 리더의 자질이 중요해진 것도 이 때문입니다. 도시경영의 가장 근원적인 철학이자 실질적인 방법론으로서 실사구시가 최선인 것도 이 때문입니다. 실사구시 리더들이 실사구시 철학과 방법론으로 경영하는 도시만이 협조와 경쟁 속에서 미래를 꿈꿀 수 있습니다.

다산 정약용 선생을 모셔서 나눈 대화들이 도시의 시대를 살아가는 많은 분들에게 생각과 행동의 길잡이가 될 수 있기를 소망합니다.

2017년 11월

이 진 훈

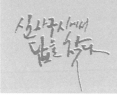

차
례

실實
다시 실사구시의 시대

사 事
결단의 지혜

求
갈등을 푸는 열쇠

시|是
실사구시 리더십

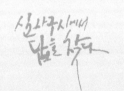

실實
|
다시 실사구시의 시대

'실實' 이란 열매 맺게 만든다는 것, 알차고 쓸모 있게 되도록 한다는 것, 공허한 주장이나 겉만 번지르르한 말장난이 아니라 실현 가능한 일을 온 힘을 다해 이루어내는 것입니다.

이진훈　200년의 세월을 뛰어넘어 선생을 대하게 되니 참으로 반갑습니다. 우선 실학에 대한 이야기부터 시작했으면 좋겠습니다.

정약용　저 역시 200년 후의 세상에 계신 분과 이렇게 만날 수 있어 흥미롭습니다. 그런데 실학이라는 표현은 제가 살던 때에는 흔하게 쓰지 않던 말입니다. 20세기 초에 일반화됐다고 하는데, 그 의미를 어떻게 해석하는지 궁금하군요.

이진훈ㅣ오늘날 실학이라고 말할 때는 크게 두 가지로 풀이하고 있습니다. 우선 조선 중기 이후 성리학에 대한 반성으로 자기 수양을 우선시하는 유학 본래의 지향을 추구하는 학문으로 보는 해석이 있고요, 한편으로는 공허한 논쟁에 빠진 당시 조정과 학풍에 대해 비판하는 실천적 성격에 중점을 둔 해석이 있습니다. 다산 선생은 두 가지 개념 모두를 포괄해 실학을 집대성한 분으로 꼽히고 있는데, 어떻게 생각하십니까?

정약용 ㅣ 저는 18년에 걸친 유배생활과 이후 시기 동안 500여 권의 책을 집필했습니다. 정치와 행정에서부터 천문과 지리에 이르기까지 거의 모든 분야를 다루었는데요, 그 중에도 사서육경으로 불리는 유학의 기본이 되는 경전 해석과 실생활에 밀접한 정치, 행정, 법률 분야에 특히 많은 공을 들였으니 두 개념을 포괄해 집대성했다는 과분한 해석도 가능하겠습니다.

제가 살던 시기는 왜란과 호란, 두 번의 큰 전쟁 이후 백성들의 삶은 갈수록 피폐해지는 반면 지도층들은 공허한 싸움만 벌이던 때였으니 제 연구와 저술이 실학으로 불릴 수밖에 없었다고 할 수 있는데, 21세기에 사는 이 선생이 실학에 관심을 갖는 건 무슨 까닭인가요?

이진훈 ㅣ 저는 미국 유학시절부터 실용주의(Pragmatism)에 관심을 가졌는데요, 발생 시기가 조금 늦지만 지향하는 바는 실학과 맥을 같이 한다고 생각했습니다. 사실이나 실체를 기초로 하여 문제를 풀어가고, 공리공론에 얽매이기보다는 삶의 현장에 도움이 되는 방향으로 간다는 점이 그렇고, 과학적·합리적 해결 방안을 추구한다는 것도 같다고 생각합니다.

오늘날 한국사회의 현실을 보면 급속한 경제 성장과 함께 진행된 인구 증가, 도시화, 민주화로 인하여 사회는 더욱 복잡해지고 문제는 더욱 어려워졌으며 갈등도 더욱 깊어지고 있습니다. 게다가 남북분단 상황이 가져온 이념갈등, 법치주의의 미정립, 민주주의 미성숙으로 효율적인 정부, 제대로 된 정치는 아직 요원한 상황이라 실학이 지향했던 원칙과 실리에서 해법을 찾을 수 있다고 생각했습니다.

정약용 ㅣ 당시에도 정파가 다르면 같은 사실을 달리 해석하고, 따라서 올바른 처방이 내려지지 못한 채 서로 다른 파벌의 잘못을 들춰내고 공격하는 소위 당쟁과 사화로 많은 인재들이 희생되는 일들이 반복되었지요. 임진왜란만 해도 서인이었던 황윤길과 동인이었던 김성일이 통신사로 함께 일본을 다녀왔지만 각기 다른 보고를 하여 일본의 침략 의도를 제대로 조정이 읽지 못하는 결과로 이어졌다고 할 수 있지요. 율곡의 십만양병설이 채택되고 미리 대비되었어야 하는데 통탄스러운 일이지요. 선생이 살고 있는 지금도 이런 일들이 벌어지고 있는가요?

이진훈 ㅣ 정치가 정당을 통해 이루어지고 국정이 국회에서 다루어지는 오늘날도 정파 간의 다툼은 매한가지입니다. 합리적인 대화와 토론보다는 자기 당파의 주장과 이익에 몰두하여 국민들의 삶, 즉 민생은 뒷전이지요. 지난번 국회만 해도 난장판 국회를 막자고 만든 국회선진화법으로 인해 수많은 안건들이 처리되지 못한 채 그대로 닫아 식물국회란 말까지 나왔습니다. 정당 내에서도 인물보다는 정파 위주로 국회의원 후보 공천이 이루어져 국민들의 분노를 사는 일이 벌어졌습니다.

최근에는 정보화 시대가 되어서 온 국민이 언론과 인터넷 등을 통해 이러한 행태들을 낱낱이 알게 되니 민심이 이반되고 기존 정당을 응징해야 한다는 여론이 팽배하였습니다. 그 결과 다수당이 소수당이 되고 양당체제가 다당체제로 바뀌는 상황에 이르렀습니다. 당리당략, 파벌주의가 극에 이른 데서 비롯됐다고 할 수 있는데, 이를 극복하는 원리는 원칙과 실리를 중시하는 실학, 실용주의에서 찾을 수 있다고 생각합니다.

정약용 ㅣ 당시에는 군주제와 신분제라는 사회 제도가 분명

했기 때문에 지켜야 할 원칙이나 구해야 할 실리도 그에 맞춰졌지요. 위로는 어진 임금께 충성하고 부모형제에 대한 효제孝悌에 최선을 다하면서 아래로는 백성들의 생활 개선을 위해 생산을 늘리고 세 부담을 줄이며 풍속을 교화하는 일이 원칙이 되고 실리가 되었습니다. 이를 위한 개혁은 학문적으로든, 실천적으로든 필수적으로 뒤따라야 할 일이었고요.

이진훈 ｜ 오늘날의 기준으로 생각해 봐도 기본적인 뜻은 크게 다르지 않다고 봅니다. 잘 사는 나라, 자랑스러운 국가를 만들고자 하는 공직자로서의 소명의식, 즉 법치주의와 민주주의, 자본주의를 근간으로 하는 국가를 튼튼히 세워 가는데 충성과 정의로운 자세를 가지되 자기수양, 청렴은 공복으로서의 기본이 되어야 합니다. 국민의 입장에서 문제를 바라보되 결코 개인이나 당파의 이익을 우선해서는 안 되겠지요.

　탁상공론을 버리고 현장으로 나가 민생을 제대로 살피는 것도 중요한 원칙이라고 봅니다. 소명의식, 청렴, 주민중심, 현장중시야말로 오늘날 공복이 가져야 할 원칙이 아닌가 합니다. 실리에 충실한 것도 중요합니다. 공허한 논란보다는 실현 가능한 목표와 방안을 세우고 근본적 해결이 되도록 정책 추진을 하며, 경제적으로 효율적인 길을 선택해야겠지요. 실현가능성, 목표달성, 경제성 등이 현대 정치와 행정의 실리가 아닌가 합니다.

시대가 참 많이 바뀌었지만 큰 차이는 없지요. 그 중에서도 오늘날에는 시민 혹은 국민이라고 부르는 백성을 근본으로 해야 한다는 민본民本의 정신은 동서고금을 막론하고 불변의 진리라고 봅니다. 백성을 위한 학문적·실천적 개혁, 그것이 곧 실사구시를 추구하는 실학의 진정한 취지가 아니겠습니까?

정약용 ㅣ 네, 그렇다고 할 수 있지요.

민본民本
|
예나 지금이나 시민이 주인

이진훈　선생의 저술 가운데 '원목'을 보면 '백성이 통치자를 위하여 생겨났다는 것이 어찌 이치에 타당하겠는가. 통치자는 백성을 위해서 있는 것이다.(牧爲民有也)'라고 밝히셨습니다. 백성들의 생활이 참으로 어려웠던 당시에 선생의 이런 주장은 어떤 의미를 지닌다고 할 수 있을까요?

정약용　먼 옛날에는 백성만 있을 뿐 통치자는 존재하지 않는 무계급 사회였으나 생활의 필요에 의해 백성들이 수령, 국왕, 황제 등을 추천함으로써 통치권이 생겼습니다. 통치권의 근원이 백성, 곧 민民에게 있다는 거지요. 그러므로 지도자는 민을 위해 존재하는 것이지, 민이 이들을 위해 존재하는 것이 아닙니다. 이러한 원리는 동서고금을 막론하고 불변의 진리가 아니겠습니까?

이진훈 ｜ 민이 통치의 근원이라는 측면은 오늘날에 와서 더욱 강조되고 있습니다. 하지만 위민, 애민, 양민을 강조하더라도 구체적으로 무엇을 말하는지 명확하게 알아야 한다고 생각합니다. 정부의 일처리가 국민 또는 시민들이 원하는 바대로 처리되고 있는가, 이는 합리적이고 공정한가, 빠르게 진행되는가, 궁극적으로 민의 생활 즉 민생에 도움이 되는가 등이 중요하다고 봅니다. 이러한 관점에서 볼 때 민에 의해 선출된 정치인과 공직자들이 민을 위해 봉사하지 않는 경우가 많아 아쉽습니다.

저는 선출직 공직자로서 행정과 정치가 어떠해야 하는가에 대해 '일이 되도록 하는 행정, 삶을 변화시키는 정치' 라는 제 나름의 철학을 정립했습니다. 민이 원하는 것을 가능한 방법을 찾아 신속하게 처리해 주는 것, 이러한 행정의 결과가 민의 생활에 실질적으로 도움이 되어야 한다는 뜻이지요.

정약용 ｜ 그렇습니다. 민을 위해 일하고, 민의 삶을 변화시키는 일이야말로 정치행정 지도자가 마땅히 노력해야 할 의무입니다. 자신이 부여받은 권한의 근원을 모르는 사람이야말로 지도자의 자질이 없다고 할 수 있지요. 왕도정치라고 해서 지도자의 도덕성을 강조하고 인정仁政, 위민부모爲民父母, 여민동락與民同樂 등 지도자의 자세를 일깨우기도 하지요. 이 선생이 말하는 '일이 되도록 하는 행정, 삶을 변화시키는 정치'는 참 흥미롭네요. 오늘날도 지도자들이 민은 안중에 없고 자기 출세나 이익에 관심을 가진다든지, 공리공론으로 민생을 외면하는 사례가 많이 있는가 봅니다. 지도자가 좋은 자질과 능력이 있는 사람으로 채워지고, 민도 자기 주장을 할 수 있도록 보장되어야겠군요.

이진훈 ∣ 선출직 정치공무원 외에 행정을 담당하는 공직자를 선발하는 방식으로 조선시대 과거제도가 발전되어 오늘날 공무원 시험제도가 정착되어 운영되고 있습니다. 임용 후에 적절한 시기마다 교육훈련이 뒤따라야 하고 선임자에 의해 경험과 노하우가 전수되도록 하는 게 중요하다고 봅니다.

국민들이 자기 주장을 펼 수 있게 된 것은 세종대왕께서 한글을 만드신 것이 획기적인 전기가 되었다고 생각합니다. 오늘날에는 여러 가지 방식으로 국민들의 목소리를 듣고 있습니다. 정보통신기술 발전에 따라 전화, 이메일, SNS 등 민과 소통하는 방법도 더욱 다양화되고 있습니다.

정약용 ｜ 백성들의 의견을 듣고 유능한 공무원들이 열심히 일한다고 해도 문제는 민생, 백성들의 삶과 경제에 있다고 봅니다. 예로부터 '무항산 무항심無恒産 無恒心' 이란 말이 있듯이 생활이 넉넉하지 않으면 사회가 혼란스러워지고 정부에 대한 불신도 크지 않을까요?

이진훈 ｜ 조선시대에는 농민들에게 토지를 나누어주는 방식이 중요했다고 알고 있습니다. 오늘날에는 산업화 시대를 거치면서 공업과 상업의 중요성이 커지게 되고 나라 사이에 무역이 성행하여 경제 운용도 더욱 복잡하게 되었습니다. 경제가 정부의 성공 여부를 결정짓는 주요 잣대가 되고 있는 것은 사실입니다. 경제 성장을 통해 일자리를 늘리면서 분배 정책도 함께 실시하여 상대적 박탈감을 없애야 하는 과제가 있지요.

정약용 ｜ 조선시대에는 외부의 침입이 잦아 백성들이 전쟁으로 인해 겪는 고통이 이만저만이 아니었습니다. 따라서 위민 중에 가장 우선시되어야 할 것이 전쟁을 막고 나라를 잘 지키는 일이었지요.

이진훈 ｜ 조선이 망하면서 일본의 지배를 받고, 동족끼리 싸운 6.25 전쟁으로 인해 전쟁의 폐해에 대해 뼈저리게 느꼈으니 안보, 국방, 외교에 대한 경각심과 대비는 아무리 강조해도 지나치지 않다고 봅니다. 게다가 현재는 평화통일이라는 과제도 남아 있지요. 휴전 상태인 나라에서 경제가 성장하여 역사상 유례없이 잘 사는 나라가 되었지만, 북한이 핵개발이다 미사일이다 해서 지속적으로 우리를 위협하고 있으니 한시도 해이해서는 안 되는 것이 작금의 사정입니다.

정약용 ㅣ 전쟁도 전쟁이지만 사고와 질병으로 인한 백성들의 고통도 이만저만이 아닌데 과학이 발전한 오늘날에도 마찬가지인가요?

이진훈 ㅣ 과학과 산업이 발전하면서 오히려 사고의 종류나 규모가 커지고 질병도 다양해지고 있습니다. 세월호 침몰사고, 삼풍백화점 붕괴사고처럼 안전 소홀로 인한 희생이나 메르스, 신종플루 등 전염병을 막기 위한 정부의 노력이 예전보다 한층 중요해졌습니다.

군주제와 선거제
|
베풂의 객체에서 법적 주체로 발전

이진훈　선생은 '탕론'에서 '신하였던 탕이 임금인 걸을 친 것이 옳은 일인가'라고 문제를 제기하시고 '탕이 처음 한 일이 아니라 옛 도道'라고 하셨습니다. 민을 위한 지도자가 아니면 그 권위를 부정할 수 있다는 말씀이신데요.

정약용　그렇습니다. 통치권의 근원이 백성에 있으니 민을 위해 일하지 않는 지도자는 존재의 권위가 사라지는 것이지요. 그런데 당시에는 민이 수탈의 대상이 되어 있으니 잘못이라고 하지 않을 수 없었습니다. 당연히 기존의 권위를 부수는 사회 변혁이 필요했지요. 특히 임금을 제대로 받들고 바른 길로 이끌어야 할 정치행정 지도층의 문제가 심각해 백성을 위한 제도 개혁과 인재 등용이 절실했습니다.

이진훈 ㅣ 과거와 달리 오늘날 민주주의 시대, 국민주권이 보장된 나라에서는 선거 제도를 통해 국가의 최고 지도자부터 지방행정 지도자까지 민의 뜻으로 뽑을 수 있어서 사회가 한층 역동적이고 변화 또한 쉬워졌습니다. 이른바 책임정치로서 일을 잘 하지 못하면 국민 또는 주민들로부터 재신임받지 못할 수 있다는 것이지요. 하지만 대의민주주의와 정당정치가 아직은 제대로 정착되지 않아 일 안 하는 국회, 효율성이 떨어지는 정부, 파당정치의 폐단이 한국 정치의 현주소라고 할 수 있지요.

정약용 ㅣ 백성들이 지도자를 뽑는 권리를 가지고 있다고 하니 놀랍군요. 과거 군주제 하에서는 위민, 민본이라고 했지만 패도정치의 폐단이 극에 달해 반정이 일어나는 일이 있기는 해도 이는 매우 이례적인 일이지요. 백성들이 지도자를 정기적으로 선택할 수 있다는 것은 민본주의가 더욱 발전된 형태라고 할 수 있겠습니다. 당시는 원망이 있다고 해도 소극적으로 저항하는 방식이 한계였으니까요.

이진훈 ㅣ 군주제 아래서도 민란이 여러 차례 있었고, 조정에서 임금의 권위에 맞서 자기 주장을 강력하게 폈던 조선조 선비들의 기개도 놀라울 따름입니다. 오늘날 민주주의

사회에서도 공무원들 가운데는 자신의 영달을 위해 상관에게 소신을 말하지 못하는 경우가 허다하니까요.

정약용 ㅣ 군주제 아래서는 임금의 권위에 도전한다든가, 체제의 기본이 되는 신분제에 도전한다든가, 천주교처럼 체제를 흔들 수 있는 사상이나 주장이 침범하여 사회를 혼란하게 만드는 것은 절대 용납되지 않았지요. 그것이 국가 발전을 가로막는 근본 요인이 아니었나 생각됩니다. 이런 장애요인 없는 지금은 무엇이 국가 개혁을 어렵게 하고 있는지요?

이진훈 ㅣ 지도자들의 권력욕, 우민정치에 의한 형식적 민주주의, 정치적 파벌 다툼 등이 문제지요. 다시 민본을 생각해야 할 때라고 봅니다. 민주주의가 되었으나 민본사상은 제대로 구현되지 못하고 있는 것이지요. 이를 위해서는 국민이 깨어 있어야 가능하다고 봅니다. 잘못된 정치인을 가려내어 공직에 진출하지 못하게 하고, 공직자의 잘못을 지적할 수 있는 제도를 발전시켜 나가야 합니다. 시민의식을 키워나가는 방안 마련도 중요하다고 봅니다. 민주시민답게 권리를 주장하고 사회 고발을 할 수 있도록 장치가 마련되어야 가능한 일이지요.

정약용 ㅣ 노예나 천민 같은 하층 신분이 없어져 모든 사람이 평등하게 된 요즘에는 백성들이 더 정치에 관심을 갖고 깨어 있어야 하겠군요. 일부 식자층이 정치행정을 도맡던 과거와 달리 공직선거에 출마하고 투표하는 권리가 모든 사람에게 보장된다면 백성의 수준이 정치행정의 수준을 좌우한다고 할 수도 있을 테니까요.

이진훈 ㅣ 민주주의 초기에는 일부 계층, 남성에게만 참정권이 주어졌지만 평등사상이 높아지면서 모든 국민이 똑같은 정치 참여의 권리를 가지게 되었지요. '민심이 천심'이라는 말이 있듯이 민의 의견을 존중하는 것이 최근 민주사회의 경향이 되고 있습니다. 임금이나 조정에 의해 공직이 좌우되는 것보다는 민이 스스로 지도자를 뽑는 민주주의 제도가 타당성이 있는 이유입니다. 공산주의 국가의 독재가 경제발전 경쟁에서 뒤지는 것으로 나타난 것만 보아도 마찬가지입니다. 다만 말씀대로 민이 늘 깨어 있어서 장기집권, 우민정책, 패권정치를 막아내는 것이 관건이겠지요.

선생에 대한 연구와 사상 전파에 평생을 바쳐온 박석무 다산연구소 이사장은 '탕론'과 함께 '서경書經'에 나오는 '백성들이 나라의 근본이다(民唯邦本)'에 대한 선생의 지혜를 중요하게 인용합니다. '하늘에서 떨어지는 것도 아니요, 땅에서 솟아나는 것도 아닌 것이 천자이니 백성들의 힘

에 의하여 천자가 되고, 백성들의 힘에 의하여 천자의 지위
에서 내려올 수밖에 없는 것이 천자라는 생각, 그게 바로
오늘의 민주주의라는 만고불변의 큰 진리이다.' 라는 것이
지요.

정약용　　민이 지도자를 뽑는 선거 민주주의가 제도적으로 아무리 뛰어나다고 해도 지도자의 자질이 부족하면 성공하기 어렵습니다. 저는 여유당전서與猶堂全書에 '무릇 군자의 학문은 두 가지를 벗어나지 않는데, 바로 수기修己와 치인治人'이라고 썼습니다. 그 의미는 지금도 다르지 않겠지요?

이진훈　　예. 공직을 하겠다고 나서고 민의 선택을 받았다고 해서 지도자로서 당연히 잘 할 거라는 보장은 없다고 봅니다. 자신을 갈고 닦아서 소임에 맞는 자세와 실력을 갖춰 나가야겠지요. 공직자로서 초임에게 기대되는 역할과 책무가 고위직으로 올라갈수록 무거워지는 만큼 직무에 임하는

마음가짐과 알아야 할 지식과 노하우도 많아져야 할 뿐만
아니라 깊이도 더해져야겠지요.

공직 내부의 교육훈련 프로그램 그리고 개인적으로 대학
이나 연수과정을 통해 실력을 쌓아나가는 직원들도 많이
있지요. 그렇지만 사실은 업무 처리과정을 통해 상관이나
동료로부터 배우거나 스스로 학습하면서 깨쳐가는 것이 더
좋다고 생각합니다. 현장감 있는 배움의 방법이지요. 대체
로 공부하며 일하는 공직자가 일을 더 잘 한다고 볼 수 있
지요.

정약용 ㅣ 그렇습니다. 수기란 자신을 선善하게 하는 것이고
치인이란 남을 사랑하는 것입니다. 자신을 선하게 하는 것
은 의義가 되고 남을 사랑하는 것은 인仁이 되는데, 인과 의
는 상호작용을 하므로 어느 한쪽도 소홀히 할 수 없는 것입
니다.

이진훈 ㅣ 과연 그렇습니다. 공무를 바르게, 공정하게, 성실
하게 처리하려면 선한 마음과 올바른 정신자세가 없이는
불가능하다고 봅니다. 공무원 윤리헌장이 공무원헌장으로
바뀌고 시대 정신에 맞게 공무원의 자세를 정립하려는 노
력이 이루어지고 있습니다. 과거에는 당연하게 허용되던
행위도 지금은 안 되는 일들이 있지요. 권위적 사회가 민주

적 사회로 이행되면서 공무원의 특권이 하나씩 사라지고, 공복으로서의 자세가 더욱 요구되고, 처벌도 점점 엄해지고 있습니다.

최근의 경향은 공직을 이용해 사익을 추구하는 부패행위와 소위 갑질이라고 불리는 권한의 남용 등에 대해 엄격한 잣대가 가해지고 있는 현상을 볼 수 있습니다. 민본정신, 민에 대한 사랑을 실천하기 위한 방침이라고 봅니다. 바른 마음 없이 바른 정치와 행정이 이루어질 수 없다는 관점에서 보니 선생께서 인과 의가 상호작용을 한다고 말씀하신 의미가 확연히 이해됩니다.

정약용 ㅣ 어느 시대건 스스로를 갈고 닦는 일에 소홀한 채 사리사욕을 탐하는 소인배가 없을 수 없지요. 조선도 두 번의 전쟁을 거쳐 백성들의 삶이 곤궁하기 짝이 없을 때 그러한 소인배들이 들끓어 결국 망하는 길로 접어들었다고 할 수 있지요. 지금 시대에도 마찬가지가 아닐까요?

이진훈 ㅣ 부정부패는 정도의 문제이지 어느 시대나 사회에도 존재한다고 봅니다. 다만 자정능력을 상실한 채 공무가 사리사욕의 도구로 전락하게 된다면 공직은 존재의 의의를 잃고, 조직은 패망에 이르게 될 것입니다. 과거 민란이 그랬고 지금은 선거에 의한 심판이 그런 현상이라고 하겠습니다. 문제는 국력이 약해지면서 다른 나라의 지배를 받게 되는 데까지 이를 수 있다는 사실이지요. 공무원 개개인의 작은 일들이 나라의 큰일에 영향을 미치게 되니 경계하지 않을 수 없습니다.

선생은 공직자의 도리를 조목조목 짚은 목민심서에서도 부임에서부터 퇴임에 이르기까지 수기를 먼저 강조하셨습니다. 오늘날의 공직자들이 부끄러워하며 따라야 할 내용들입니다. 의식의 간소화, 근검절약의 솔선수범이 특히 인상적이었습니다.

정약용 ㅣ 그렇습니다. 목민심서는 경세유표, 흠흠신서와 함께 국가를 다스리는 도리, 즉 치인을 내용으로 하는 책이지만 치인에 앞서 자신을 수양하여 인격을 갖추는 수기의 도리가 우선돼야 한다는 점도 중요하게 다루었습니다.

이진훈 ㅣ 목민심서 서문에 '심서心書라 한 것은 무슨 까닭인가. 목민할 마음은 있으나 몸소 실행할 수 없다. 때문에 심서라 이름한 것이다.'고 쓰신 걸 보면서 실제로 경륜을 펼칠 기회를 얻지 못한 선생의 안타까움을 절절히 느꼈습니다. 어느 시대의 공직자건 수기와 치인의 도리에 충실해야 할 것입니다. 바른 마음과 바른 자세로 바른 정치 행정을 해내기 위해 정진하고 실력을 길러야겠지요.

이진훈　선생은 수기치인을 지향하는 가운데 세상을 다스리는 두 개의 큰 원리로 지인知人과 안민安民을 강조하셨습니다. 인재를 능력에 따라 적재적소에 기용하는 지인과 백성의 생활을 넉넉하게 해 주는 안민이야말로 '나라를 다스리는 자의 큰 정사政事'라고 하셨지요.

정약용　그렇습니다. 중국 순임금과 우임금 시대에 가장 현명한 신하였던 고요는 우임금에게 통치의 큰 틀로 지인과 안민을 제시하였고, 우임금은 이에 따라 황하의 물길을 다스려 수재를 없애고 백성을 편안하게 하였습니다. 사람을 알아보고 백성을 평안하게 해주는 일은 시대에 관계없이 통치의 근본이 되는 것입니다.

이진훈 ㅣ 지금도 마찬가지겠지요. 선생은 사람이 가지는 두 가지 큰 욕심으로 귀貴와 부富를 구분하시고 이를 충족시켜 주는 방법으로 지인과 안민을 말씀하셨는데요. 먼저 지인에 대한 이야기부터 나눠볼까요?

정약용 ㅣ 벼슬하기 바라는 사람들이 바라는 바가 귀입니다. 사람들에게 벼슬을 주는 데 공정함을 잃으면 원망과 비방이 일어나 공직 체계가 흔들리게 됩니다. 따라서 올바른 통치를 위해서는 사람을 알아보는 명철함을 갖고 그에 맞는 벼슬을 내릴 수 있어야 합니다.

이진훈 ㅣ 현재의 공직 채용은 과거제도가 발전하여 시험제도가 정착되어 온 것으로, 일정한 직무능력 수준을 검증하는데 어느 정도 기여하고 있다고 봅니다. 공정성 면에서도 확실히 효과를 발휘하고 있고요. 적재적소 배치와 올바른 승진 인사야말로 고위 공직자들의 주요 책무라고 할 수 있지요. '인사가 만사'라는 말도 과언은 아니라고 생각합니다. 인사가 그만큼 공무에 미치는 영향이 크다는 것이지요. 직무의 성격에 맞는 사람을 찾는 일은 인사권자의 중요한 책무입니다. 분명 소질과 역량이 사람마다 다르고 반드시 그 자리에 적절한 사람은 있게 마련입니다. 최근에는 공직

내부에서 전문성을 갖춘 적격인사를 찾지 못하면 외부 인사를 경쟁을 통해 뽑는 일도 일반화되고 있습니다. 승진 인사는 공무원들의 최고 관심사입니다. 공정성을 기하는 동시에 적임자를 찾기가 여간 어려운 일이 아닙니다.

　선생은 지인을 이루기 위해 가장 중요한 제도로 고적법^考績法을 주장하셨는데요, 오늘날의 공직자 고과평가라고 할 수 있겠습니다.

정약용 ｜ 중국 요순시절의 태평성대는 고적이란 한 가지 일에서 벗어나지 않습니다. 고적법이란 공직자들을 업무 능력과 성과에 따라 공정하게 평가하고 이를 인사상 처우에 반영하는 것을 말합니다. 고적법을 바탕으로 우수한 관리를 우대하고 잘못된 관리를 배척한다면 백성들의 생활도 좋아질 수밖에 없습니다. 조선에서도 세종 때부터 수령에 대한 고적법이 시행되었지만 갈수록 이름뿐인 제도가 되었습니다.

이진훈 ｜ 오늘날에도 관리에 대한 평가는 여러 가지 방식으로 이루어지고 있습니다. 경력과 업무 실적이 기본을 이루고 있지요. 상대적 평가가 이루어질 수밖에 없고 내부 조직 단위로 이루어지다 보니 부서장끼리 직원 평가를 두고 서로 주장이 엇갈리고 갈등을 빚는 일도 벌어지고 있습니다. 업무성과표를 작성하기도 하지만 영업이익을 기준으로 행해지는 기업처럼 동일한 기준이 있을 수도 없어 공무실적 평가는 어려울 수밖에 없지요.

그러나 정량적이 아니라 하더라도 부하에 대한 평가는 가능하다고 생각합니다. 다만 연고나 외부 청탁 등의 요인에 영향을 받지 않으려는 자세가 중요하지요. 한때는 동료나 부하들의 평가를 승진심사의 잣대로 활용하기도 했으나 인기 위주 또는 온정적 업무 처리의 부작용이 있어 폐지되었습니다. 인사가 조직의 역량에 영향을 주고, 이는 곧 업무 역량으로 연결되며, 이를 통해 주민들의 생활에 영향을 준다는 점을 고위 공직자들은 늘 명심해야겠지요. 공무원들의 자질과 교육훈련, 인사 관리가 정치와 행정의 질을 결정합니다.

안민安民
|
세금 줄이고 수익 늘리며 복지 촘촘히

이진훈 선생께서는 안민에 대해 사람들의 부에 대한 욕구를 충족시켜 주는 원리라고 하셨는데요, 좀 더 구체적으로 이야기해 볼까요?

정약용 예. 보통의 백성들은 바라는 바가 우선 부에 있습니다. 백성들에게 이러한 은혜를 베푸는 일이 고르게 미치지 못하면 원성이 일어나 통치자가 인심을 잃게 되고 나라가 흔들립니다. 이를 위해서는 세금 거두기를 가볍게 하는 일이 가장 중요합니다.

이진훈 ㅣ 기초적인 농업과 상업이 중심이었던 과거에는 세금을 줄이는 것이 곧 백성들의 삶을 풍요롭게 해 주는 방법이었지만 산업 분야가 대단히 복잡해진 지금은 많이 달라졌습니다. 왕이나 귀족이 사라진 지금은 세금이 국고의 운용을 통해 국방, 치안, 생활 인프라 조성, 기업 육성, 서민생활 안정 등에 쓰이며 적정하고 공정한 기준이 조세정책의 기본이 되고 있지요.

한편으로 세금을 줄여주는 일도 중요하지만 우선은 수입을 늘려주는 정책이 더 시급합니다. 개방화 시대라 무역이 중시되고 산업 발전을 통해 기업재투자와 일자리가 늘어나는 구조에서 수출 진흥과 기업 육성으로 재정수입을 늘리는 일이 중요합니다. 기업 육성, 소득 증대, 경기 활성화, 세수 증대가 다시 기업 육성으로 이어지는 선순환 경제구조가 이루어지도록 하는 것이 정부의 역할이지요.

정약용 ｜ 과연 그렇겠군요. 농업이 중심이던 당시에는 토지 문제가 가장 중요했고, 저는 정전제井田制를 시행함으로써 분배의 균형을 이루고 세금과 군사제도까지 안정화시키는 방안을 제시했습니다. 지금은 안민의 방식 또한 대단히 복잡하겠습니다.

이진훈 ｜ 안민을 실제적으로 이루기 위해 선생이 제시하신 정전제는 대단히 이상적인 모델이었습니다. 여러 가지 정치사회적 여건으로 인해 실제로 시행되지 못해 안타깝습니다. 오늘날 빈곤의 문제가 해결됐다고 하지만 빈부격차는 과거 못지않게 심각합니다. 또 자본주의가 급격하게 진행되면서 현대 사회는 무한경쟁에 따른 사회적 스트레스, 금수저 논란을 일으킨 부의 세습, 청년실업 등의 문제에 직면해 있습니다.

우선은 계층 상승의 통로가 되는 교육 기회를 공정하게 보장해주는 것이 중요합니다. 빈곤 탈출을 위한 사다리를 제공하는 것입니다. 정부가 경기 부양을 하면서도 공정한 경쟁과 분배 정의, 국민들의 복지와 심리적 안정까지 보살펴야 하는 시대인 것입니다.

정약용 ㅣ 백성들의 부의 욕구는 조세를 줄여주고 수입을 늘려주며 또 공정하게 분배되도록 함으로써 만족된다고 볼 수 있겠습니다. 그러나 한편으로는 우임금이 황하를 다스려 홍수 걱정을 덜어줬듯이 경제활동이 안정되게 이루어지도록 하는 것도 중요할 것입니다. 역병 같은 전염병도 사회 안정을 크게 해치지요.

이진훈 ㅣ 그렇습니다. 사회가 복잡해지고 있는 현대에 와서는 자연재해뿐만 아니라 사람의 잘못으로 일어나는 인재가 큰 문제가 되고 있습니다. 온 국민을 충격에 빠뜨린 세월호 침몰사고와 같이 미리 정해진 규칙들이 지켜지지 않음으로써 크나큰 희생이 초래되기도 합니다. 재해나 사고 예방 업무는 정부가 힘써 해야 할 일입니다. 질병으로부터 국민들을 보호하는 일도 중요합니다. 위생 수준이 나아지긴 했지만 국제 간 교류가 많아지면서 사스, 메르스 사태처럼 국외로부터 전염병이 들어오기도 하지요.

정약용 ｜ 안민의 핵심이 백성들의 부를 관리하는데 있다고 하나 안정된 사회를 바탕으로 이루어지기는 예나 지금이나 매한가지군요. 이제 더 근원적인 사회질서 문제가 남아 있습니다. 나라가 있고 사회 안녕이 보장되어야 한다는 점이지요. 우리나라는 외세의 침입이 잦아 백성들이 늘 편안하게 지내지 못했지요.

이진훈 ｜ 국방이나 외교 같이 나라의 존폐와 관련되는 일은 국가가 해야 할 근본 책무라 생각합니다. 특히 남과 북으로 분단된 현 상황에서 전쟁 없는 기간이 길어지니까 국민들이 너무 긴장을 풀고 있는 게 아닌가 걱정입니다. 지도자들이 이를 잘 깨우쳐야 할 텐데 그렇지 않은 경우도 자주 보입니다. 안전과 질서 보장을 위한 치안활동도 중요 과제이지요. 법규에 따라 경제활동, 사회활동이 평온한 상태로 유지될 수 있게 해 주는 것이 민주사회를 지탱해주는 근본이 된다고 봅니다.

정약용 ┃ 사회 안녕질서를 기본으로 백성들이 편안하게 생활하도록 국가가 해야 하지만 정부가 모든 일을 다 담당하는 것은 아니지요. 향약이나 두레 같은 민간 규율이 있고, 경주 최부잣집처럼 흉년이 들었을 때 구휼하는 미풍양속이 바탕이 되어야 한다고 봅니다. 이른바 대동사회를 만들어가야 하겠지요.

이진훈 ┃ 사회 구성원들 간에 나눔, 봉사활동으로 어려움을 덜어주는 움직임이 활발한 사회가 건강한 사회라고 봅니다. 공동모금회, 구세군 활동이 점점 강화되고 있습니다. 저도 이웃돕기, 장학회에 관심을 가져 희망나눔 프로그램, 수성인재육성장학재단을 만들고 깨어 있는 도시, 따뜻한 도시를 지향하는 인자수성仁者壽城을 브랜드화하는 데 힘을 기울이고 있습니다.

실사구시 정신
|
알차고 쓸모 있는 일을 바르게

이진훈　조선 후기 실학을 대표하는 말로 실사구시實事求是가 흔히 쓰입니다. 요즘 우리나라 정치권에서도 성과는 없고 공허한 말장난이나 다툼만 오가는 정치 현실에 대한 비판과 대안적 표어로 실사구시가 많이 등장하는데, 실사구시의 의미부터 제대로 알고 써야 하지 않을까 싶습니다.

정약용　그렇습니다. 한서漢書 하간헌왕전에 나오는 '수학호고 실사구시修學好古 實事求是'라는 말에서 따온 거지요. 청나라 고증학파 학자들이 공리공론만 일삼는 당시 유학을 비판하며 내세운 표어입니다.

이진훈 ｜ 처음에 저는 실사구시라는 말을 '사실에 토대를 두고 진리를 탐구하는 일'이나 '실제로 있는 일에서 진리를 구함' 같이 사전적인 의미로만 이해했습니다. 그런데 다산 선생과 실학에 대해 공부하다 보니 '실사'는 일을 실實답게, 즉 알차고 쓸모 있게 되도록 한다고 새기고, '구시'는 바름을 추구한다는 의미로 풀게 되었습니다. 일을 쓸모에 맞게 바른 방향을 정해 충실한 성과를 만드는 것이 실사구시가 아닐까 합니다.

정약용 ㅣ 그렇습니다. 앞서 수기와 치인을 이야기했는데 어떤 학문이든 방 안에서만 논의되고 실천으로 이루어지지 않는다면 좋게 평가받기 어렵습니다. 제가 수원 화성을 축조할 때의 일입니다. 적병들이 성문을 불태우려 할 때 성문 위에 구멍을 뚫고 물받이를 길게 설치해서 물을 쏟아 붓는 누조漏槽의 도면을 만들어 올렸는데, 실제 공사 현장에 나가 보니 물이 쏟아지는 구멍을 뚫은 것이 쓸모는 전혀 생각하지 않고 겉보기만 그럴싸하게 가로로 뚫어놓았더군요. 모든 일에 실용을 앞세워야 한다는 것이 제 생각입니다.

이진훈 ㅣ 제가 정치행정의 슬로건으로 내세우는 '일이 되도록 하는 행정, 삶을 변화시키는 정치'도 선생의 말씀처럼 실용을 최우선에 두고 있습니다. 실사구시라는 말은 단지 경제적인 부분에서 효용을 추구하는 데 머무는 게 아니라 일의 방향과 정책, 현실 대처와 문제 해결 등 모든 부분에 걸쳐 실천해야 할 원칙이라고 생각합니다. 요즘 정치인들이 주로 경제 분야의 논의에 실사구시를 거론하는 건 실사구시의 의미에 대한 이해 부족인 것 같습니다. 민본이라는 근본으로 돌아가 합리적 판단, 실리를 챙기는 자세가 아쉽습니다.

정약용 | 실사구시는 조선 후기로 보면 사회 전반에 만연해 있던 비능률, 불합리, 현실 무시 등에 대한 비판과 함께 정치, 경제, 사회, 문화 등에 걸친 총체적 개혁이라는 큰 뜻을 담고 있습니다. 인의예지와 같은 덕목도 구체적인 노력과 실천이 뒤따라야 의미가 있고 농업이나 의료, 천문, 지리 등 세상 돌아가는 이치, 실제적 현상을 과학적, 합리적인 자세로 접근하여 실생활에 도움이 되도록 해야 한다는 것이지요.

이진훈 | 결국 실사구시 정신은 실용적 개혁, 합리적 실용주의로 보면 되지 않나 생각합니다. 실체적 진실을 파악하고 합리적으로 판단하되 실리를 중심에 두어야 한다는 것이라고 봅니다. 저는 실사구시 정신을 연구한 여러 전문가들 가운데 특히 선생에 대한 연구에 큰 획을 긋고 있는 한양대 정민 교수의 '다산 정약용의 실사구시법' 풀이에 공

감합니다. 그는 선생의 실사구시법을 '실용을 우선하라, 합리를 지향하라, 실상을 파악하라, 쓸모에 맞게 하라.' 네 가지로 요약하고 있는데요, 저는 실상 파악, 합리 지향, 실리 모색 등 세 가지 측면이 정치행정에서 반드시 요구되는 실사구시 정신이라고 봅니다.

정약용 | 실사구시 정신은 실제 쓰임에 이롭고 백성들의 삶을 풍족하게 하는 이용후생利用厚生과 맞닿아 있다고 할 수 있지요. 그야말로 민본의 정신이라고 할 수 있습니다. 이러한 생각이 크게 일어나 서양의 신문물을 받아들이고 세계에 개방하는 정책이 진작 나왔더라면 조선이 망하는 일도 없었겠지요.

이진훈 | 오늘날의 정치권도 국민만 바라보며 구체적인 성과물을 만들어내고 정부가 이를 성실하게 실천해 나가는 문화가 자리 잡아야 할 텐데, 서로 남 탓을 하면서 정파적 이익만 추구하고 국민들의 생활, 기업의 애로에 귀 기울이지 않는다면 또 다시 IMF 외환위기 같은 사태를 맞을지 모를 일입니다. 정신 바짝 차려야 할 것 같아요.

실상 파악
|
천릿길의 첫걸음은 시민의 희망 알기

이진훈　현실 속에서 실사구시를 실천함에 있어 먼저 필요한 것은 실상을 파악하는 일이라고 봅니다. 현재 상황을 토대로 주어진 일이나 문제를 어떻게 해결해야 하는지, 또 다른 문제가 생길 수 있는지를 판단해보는 일이 우선이겠지요.

정약용　일의 소용에 맞게 실상을 파악하고 이를 자료화해서 일목요연하게 정리하는 노력은 아무리 해도 지나침이 없습니다. 현재 상황을 정확하게 알면 알수록 일의 과정이나 문제의 원인, 해결 방법 등이 보다 명료화되고 처리 결과에 대해서도 보다 정확하게 예측할 수 있습니다.

이진훈 | 선생은 '목민심서'에서 목민관은 취임 이튿날 업무를 시작할 때 '사족士族과 백성들에게 영을 내려 고질적인 폐단이 무엇인지 묻고 의견을 구할 것이다.'라고 하셨습니다. 또한 '노련한 화공畫工을 구하여 현縣의 지도를 그려 관아의 벽에 걸어두도록 한다.'고 강조하셨습니다. 참으로 중요한 말씀이라 하겠습니다.

정약용 | 무릇 목민관이라면 마땅히 해야 할 첫 번째 일이지요. 고을의 실정을 정확하게 파악하고 한 손에 장악하지 않으면 주변의 잘못된 정보에 휩쓸려 오판하기 쉽습니다. 이러한 실정 파악은 또한 꼼꼼한 조사와 정리, 분석이 뒷받침돼야만 쓸모가 있습니다.

이진훈 | 인구나 토지, 주택 등 조사해야 할 대상이 많지 않았던 과거에는 그 작업이 비교적 단순하게 이루어질 수 있었겠으나 인구가 많아지고 복잡해진 오늘날에는 파악해야 할 대상도 매우 많아졌습니다. 관련 법규라든가 정보, 도시계획의 내용, 이해관계자들의 동향, 정치적 상황 등 고려 대상이 이만저만이 아닙니다. 주민들의 욕구 변화를 살피는 것도 중요합니다.

하나의 방안으로 저희 수성구에서는 매년 행정수요조사를 통해 아주 세부적인 부분까지 현황과 실태를 조사해 곧 바로 정책에 반영하도록 하고 있지요. 그리하여 우선적으로 처리해야 할 일이 어떤 부문인지 알아내고 재정을 투입할 대상을 정하게 됩니다. 주민들의 욕구 변화를 읽을 수도 있어서 장래 발생할 수 있는 문제에 미리 대비할 수 있습니다. 이처럼 행정 전반에 대한 실상 파악도 중요하지만 개개의 일이나 문제에 대해서는 더욱 꼼꼼한 파악이 필요할 것입니다.

정약용 ㅣ 목민심서에서 밝혔듯 이호예병형공 6조에 걸쳐서도 각기 필요한 실태 조사는 철저히 이루어져야 합니다. 특히 백성들에게 부담을 주는 세금이나 환곡, 부역 등에서는 말할 것도 없고 송사 처리나 형벌 집행에 있어서도 실상 파악은 할 수 있는 한 최대로 해야만 합니다.

이진훈 ㅣ 과거에 이루어진 일들을 적절한 구분에 따라 정리하고 파악해야 함은 물론 드러나고 있는 현상이나 문제점이 무엇인지도 알아내야 합니다. 현행 제도의 허점도 놓쳐서는 안 될 부분입니다. 소기의 목적을 달성하지 못하거나 제도적으로 부당한 사례가 발견되면 제도의 개선도 이루어져야겠지요. 지금은 세계적인 추세를 알고 미래지향적 방향으로 정책을 가다듬어 나가는 것도 중요합니다.

정약용 ㅣ 과거에는 신문고 같은 통로가 있어 억울한 사람들이 조정에 의견을 전달할 수 있도록 하기도 했습니다. 또 암행어사를 지방에 파견하여 고을에서 일어나고 있는 관리들의 폐단을 없애려는 노력도 하였지요.

이진훈 ┃ 오늘날에는 주민 의견을 수렴하는 통로가 다양하게 열려 있습니다. 정보통신기술의 발달로 전화 한 통, 마우스 클릭 한 번이면 누구나 손쉽게 민원을 제기할 수 있지요. 저는 동 주민센터를 방문하거나 주기적으로 주민들과의 토크 기회를 마련하여 불편사항이나 희망사항을 듣고 있습니다. 현장에서 생생한 목소리를 듣는 것이 중요합니다. 실태를 정확하게 파악하기 위해서는 현장에 나가서 직접 보는 것도 중요합니다. 현장의 상황을 살펴봄으로써 사안에 대한 이해가 빨라지고 도면이나 서류 등으로는 파악하기 힘든 사항을 실감할 수도 있습니다.

합리 지향
|
비합리·불합리만 벗어나도 된다

이진훈   실사구시를 구현하는 방법 가운데 무엇보다 중요한 건 합리적인 일 처리가 아닌가 합니다. 일을 하기 전에 실현 가능한 목표와 기대 수준을 정한 뒤 누구나 납득할 수 있는 가장 좋은 방법을 찾아 역량을 쏟아 부으면 군더더기 없이 성과를 낼 수 있을 것입니다.

정약용   그렇습니다. 제가 곡산부사로 나갔을 때의 일입니다. 죄를 지어 귀양 온 사람들이 있었는데, 마을 사람들이 끼니마다 차례로 밥을 해 먹였습니다. 형편이 어렵거나 인색한 사람이 죄인을 무시하면 굶을 수밖에 없었고, 반대로 대접 받는 죄인이 고마움을 모르고 거칠게 굴면 마을 사람들은 마음이 상했지요. 그래서 저는 양쪽의 의견을 수렴하여 수십 조항을 문서로 약정하고 겸제원兼濟院을 만들어 문제를 해결했더니 모두가 기뻐하며 수긍했습니다. 이것이 실사구시입니다.

이진훈 ┃ 이해 당사자들의 의견을 충분히 듣고 상호 납득할 수 있는 방안을 찾아낸 선생의 일처리가 돋보이는 사례군요. 같은 일이라도 얼마나 합리적으로 준비하고 대응하느냐에 따라 완전히 다른 결과를 만들 수 있습니다. 사전에 타당성이 있는지 검증하는 일부터 철저히 해야 하고, 사람이든 물자든 적정 수준으로 적기에 투입해야 합니다. 수시로 일의 과정을 점검해서 맞지 않는 부분이 있으면 고쳐 나가는 것도 필요합니다. 이처럼 준비 단계에서부터 일처리 과정 전체가 합리적으로 이루어질 때 제대로 된 성과를 낼 수 있겠지요.

정약용 ┃ 일의 규모나 투자가 그렇게 크지 않을 때는 다소 비합리적으로 진행하더라도 큰 문제가 아닐 수 있습니다. 결과를 봐서 고쳐 나가도 대세를 그르치지는 않을 테니까요. 요즘에는 정치행정의 대상이 엄청나게 커진 만큼 사정이 많이 다르겠지요.

이진훈 ┃ 국가나 지방의 인구나 경제 규모가 엄청나게 커진 만큼 비합리적 선택의 영향은 더 심각합니다. 지난 정부에서 추진된 4대강 사업을 예로 들 수 있겠는데요. 과도한 목표를 잡고 중간 과정에 예상되는 세부적인 문제들을 제대로 점검하지 않은 채 밀어붙이기 식으로 추진하다 보니 수조원의 예산을 투입하고도 당초 목표를 충분히 달성하지 못해 환경오염을 비롯한 문제들이 크게 불거지고 있습니다. 지방 단위에서도 합리적인 정책의 필요성은 두말할 필요가 없을 것입니다. 정책 하나하나가 시민들의 삶에 미치는 영향이 크기 때문에 잘못된 선택을 했다가는 일의 성과, 나아가 시민들의 행복감까지 떨어뜨리는 결과를 낳습니다.

정약용 ǀ 목표의 적정성과 과정상의 적절성이 충족되더라도 문제와 해결방안 사이에 상호 인과관계가 성립되는지 점검하는 것이 매우 중요합니다. 연목구어緣木求魚란 말도 있듯이 말입니다. 자연적 현상과 달리 사회적 현상에서는 원인과 결과를 분명하게 규명하기가 어렵기 때문이지요. 그래도 과학적 일처리를 지향해야 합니다.

이진훈 ǀ 정확한 실상 파악은 과학적 일처리의 출발이라고 봅니다. 일목요연한 현황 정리와 통계적 기반을 활용한 분석이 되어야겠지요. 다른 지역과의 비교, 과거와 현재의 비교, 항목 간 비교 등의 방법으로 해결 과제를 명확히 해야 합니다. 그런 다음 다른 지역이나 외국의 비슷한 사례를 찾아 적합한 정책을 만들어야 합니다. 대개의 경우 같은 문제에 같은 처방이 작동된다고 보는 것이지요.

그러나 비슷한 환경에서 그런 것이므로 환경이 다른 경우가 아닌지를 꼭 점검할 필요가 있습니다. 어떤 경우는 실험적인 적용을 작은 규모로 먼저 해 본 다음 본격적으로 추진하는 것이 좋을 때도 있지요. 이를 파일럿 적용이라고 하지요. 또 다른 방법은 가상현실 기법으로 시뮬레이션을 통해 적용 가능성을 가늠해 보는 것도 좋습니다.

정약용 ┃ 과거에는 중국의 고사나 선대의 사례를 찾아서 정책을 정하는 것이 일반적인 일처리 방식이었는데 지금은 많이 발전했군요.

이진훈 ┃ 분야마다 전문성이 깊어지고 있어 관련 전문가를 찾아 자문하는 것이 일반화되어 있습니다. 때로는 현장 전문가가 필요할 때도 있지요. 자신이 있을 때까지 광범위한 자문이 필요하지만, 때로는 정책결정자의 상상력, 결단력이 요구되기도 합니다. 또한 정책결정 과정에서 모두 함께 중대한 요소를 놓치는 집단오류 현상, 일정한 지역이나 일시적으로 일어나는 정서에 영합하는 포퓰리즘을 막아야 올바른 정책이 탄생되겠지요.

실리 모색
|
시민 삶의 즐거운 변화를 향하여

이진훈　큰 틀에서 실용에 관한 이야기는 앞서도 나누었지만 개별적인 정책이나 일의 처리에 있어서 실리를 추구하는 것도 중요하다고 하겠습니다. 실리에 대해 요즘 사람들은 너무 이익이라는 측면만 보고 있어서 문제인데 선생의 생각을 듣고 싶습니다.

정약용　실사구시에 있어서 실용과 실리란 정책이나 일의 목표와 쓰임새에 맞춘다는 의미입니다. 일을 하는 이유가 무엇인지, 목표를 어디에 두어야 하는지, 현장에서 어떻게 활용될지 등에 대해 깊이 고민하고 여기에 맞춰 추진해야 한다는 것입니다.

이진훈 ｜ 해결해야 할 과제와 목표가 제대로 설정되고 그에 맞게 일의 준비가 이루어져야 성과가 주민들의 생활에 도움이 되겠지요. 목표 달성이 곧 실리가 됩니다. 목표 달성도, 즉 당초 목표 대비 실적 정도를 측정하여 정책의 성공 여부를 판단하는 것이 일반적인 방법입니다. 인적·물적 자원의 투입, 일처리 체계의 수립, 리더십과 사기 진작 등 요소들이 목표 달성에 영향을 미칩니다. 리더의 강력한 추진력은 일의 성패를 좌우하므로 인사를 통해 적정하게 인력을 배치해야 합니다. 어떤 조직이든 임원이나 간부 인사에 대해 관심을 가지는 것은 그 때문이지요.

정약용 ｜ 실리에 대한 고민이 부족하면 무작정 일을 하고 보자는 식으로 덤비게 됩니다. 하다 보면 성과가 나오겠지 하는 마음으로 일을 하다가는 고생은 고생대로 하고 투자는 투자대로 헛것이 되어 버립니다. 이렇게 해서는 행정에 대한 신뢰를 잃게 되지요.

이진훈 ｜ 이상적인 목표 설정이 좋은 것도 아니고 합리적이지도 않다고 봅니다. 결과를 확실하게 담보하는 일처리 방안을 창출하는 것이 먼저이며, 실현 가능성 또한 매우 중요합니다. 이는 정책을 둘러싸고 있는 환경에 영향을 받습니다. 아무리 좋은 정책도 주민들이 받아들일 태세가 안 되면 어렵지요. 막무가내로 밀어붙이면 부작용만 커지게 됩니다. 추진력을 발휘할 수 있는 인적·물적 자원 투입 가능성도 성패에 크게 영향을 줍니다. 또 의회나 상부 기관의 정책적 지원 환경을 만들 수 있어야 하지요.

정약용 │ 목적의식이나 목표에 대한 분명한 지향이 없으면 처음 시작할 땐 비슷해 보여도 일이 진행될수록 엉망이 되어 버립니다. 또한 처음에 목표를 분명하게 세웠다고 해도 중간중간 일의 성취를 제대로 점검해야만 원하는 결과, 실리를 얻게 됩니다.

이진훈 │ 의미 있는 목표 설정과 추진 과정을 정교하게 그린 로드맵이 필요합니다. 가령 교통사고 방지나 차량 소통을 위해 교통법규 위반이나 주차 단속을 할 때, 단속 건수가 그대로 정책 성과로 이어지지 않는 경우도 있습니다. 단속 건수가 많아졌는데 교통사고는 더 늘어난다면 뭔가 문제가 있는 것이지요. 실효적인 방법으로 단속이 되고 있는지, 즉 인력 배치의 장소나 투입 시간, 구체적 행동요령 등이 적정한지 점검이 필요합니다.

정약용 │ 공공 부문에서 일을 통해 이익을 추구한다 함은 어불성설語不成說이지만 소요 경비를 줄여서 일을 처리하는 방식으로 실리를 챙길 수 있습니다. 국고의 낭비를 막고 성과를 크게 낼 수 있도록 실무적 판단이 요구됩니다.

이진훈 ㅣ 효율성, 즉 같은 비용으로 더 큰 성과를 내거나 같은 성과를 위해 좀 더 적은 비용으로 추진한다는 행정의 원칙은 재정의 한계성 속에서 매우 중요한 덕목입니다. 올바른 일처리 방식의 선택, 신기술 도입, 우수한 민간 대행 업체 선정, 적정 인력 배치 등 다양한 방법을 통해 이룰 수 있습니다.

정약용 ㅣ 선생이 말씀하시는 효율성의 의미는 근검절약하여 국고를 아껴 쓰자는 현명한 관리의 모습을 넘어 오히려 상인들이 거래 이익을 더 남기고자 애쓰는 모습과 가깝게 느껴집니다.

이진훈 ㅣ 사경제 영역의 규모가 커지고 기업 형태의 영업이 일반화되면서 공공 부문도 기업들의 경영 성과를 높이는 데 지원하고 일정 역할을 하는 데 힘을 많이 쏟게 되었습니다. 자연히 공공행정에도 기업가 정신의 도입이 요구되었지요. 효율성의 개념은 기업에서 배워야 할 부분의 하나로 강조되고 있습니다.

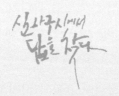

사事
|
결단의 지혜

'사事'란 시민들의 삶과 연관된 모든 일, 도시의 미래 설계에서부터 소외된 이웃 한 사람 한 사람의 구석진 일상까지 같은 무게로 받아들여 소임과 책무로 실천해야 하는 일입니다.

실사구시 리더의 역량
|
결단력과 갈등해소 능력

이진훈 　선생이 살던 조선시대는 물론 오늘날에도 실사구시 정신은 정치행정의 핵심 원리라고 생각합니다. 그런데 앞서 말씀드렸듯이 여러 정치인과 행정가, 리더들이 실사구시의 바른 의미를 이해하지 못하고 자기중심적으로 해석해 남발하고 있는 것이 현실입니다. 사회에서 중요한 역할을 하는 사람일수록 말을 아끼고 실천을 우선해야 한다고 보는데 어떻게 생각하십니까?

정약용 　말보다 실천을 앞세우는 것이 바로 실사구시의 기본입니다. 말하자면 공자께서는 유교 윤리의 최고 덕목으로서 인仁을 강조하시면서 효도와 공경이 인을 실천하는 근본이라고 하셨지요. 따라서 어떤 사람이 인의 마음, 사랑하는 마음을 가지고 있다고 하더라도 부모님께 효도하지 않고 어른께 공경하는 태도를 갖지 않는다면 그를 인자仁者라 할 수 없겠지요. 중요한 역할을 맡은 사람일수록 실사구시 정신이 요구되는데, 이를 실천하기 위해서는 스스로 먼저 그에 필요한 역량을 갖추기 위해 노력해야 합니다. 수기치인과 지인, 안민의 정신에 대해 이야기했는데 인구로나 사회·경제적으로나 한층 복잡해진 오늘날에는 더욱 고도의 역량이 요구되겠지요.

이진훈 ㅣ 그렇습니다. 오늘날 실사구시를 실천하는 리더라면 수기치인의 토대로서 결단하는 능력과 갈등을 해소하는 능력을 반드시 갖추어야 한다고 봅니다. 사회가 복잡해졌다고 하지만 실사구시 정신으로 보면 크게 이 두 가지가 핵심입니다. 주어진 상황과 조건을 면밀하게 파악하고 최선의 결과를 얻어내는 방법을 찾아 추진하는 결단력, 이해관계 등 여러 요인으로 발생하는 갈등을 올바른 방향으로 풀어서 상호 만족할 수 있는 성과를 얻는 갈등 해소 능력입니다.

정약용 ㅣ 결단력은 앞에서 이끄는 사람이라면 누구나 가져야 할 역량이라고 할 수 있지요. 앞선 사람이 잘못된 결정을 한다면 큰 실패와 손해를 피할 수 없습니다. 정책을 입안하고 추진하는 위치에 있는 사람도 마찬가지입니다. 실상을 제대로 파악해서 가장 큰 성과를 이끌어낼 수 있는 방법을 찾아 결정하고 흔들림 없이 추진할 수 있어야 합니다.

이진훈 ㅣ 인구 증가, 도시화, 산업 발달 등으로 인해 사회 문제 또한 더 복잡하게 얽히고설켜서 과거에 비해 결단을 내리기가 훨씬 어려워진 것은 사실입니다. 같은 사안이라도 어떤 쪽을 우선하느냐에 따라 결과가 180도 달라질 수 있고, 사회 변화를 따라가지 못하는 법령이 장애가 되는 수도 있습니다. 잠재된 수요를 끌어내기 위해 정책이 받아들여지도록 여건을 형성해야 할 때도 있지요. 정책 추진에 필요한 자금을 적기에 확보하고 효율적으로 배분하는 일, 경우에 따라 민간 자본을 끌어들이는 방법도 모색해야 합니다. 경제성을 따져야 하거나 미래 상황을 예측해 결정해야하는 일도 많고, 정책 추진의 가장 적절한 타이밍을 결정하는 것도 중요해졌습니다. 인기에 영합하거나 다수가 오류에 빠지는 경우를 삼가면서 때론 중도에 포기하는 용기도 필요합니다. 이러한 모든 일을 지혜롭게 해결하는데 필요한 역량이 결단력이라고 할 수 있지요.

정약용 ㅣ 과연 그렇겠습니다. 과거에는 관료나 수령들이 파악해야 할 범위가 그다지 넓지 않고 결단해야 할 문제도 많지 않아 작은 일로 다투는 일이 많다 보니 공리공론하는 경우가 잦았습니다. 훨씬 넓은 범위와 분야에서 일을 다루어야 하는 오늘날에는 결단하는 능력, 사실과 진실에 접근하고 실리를 취할 수 있는 해결책을 찾는 지혜가 중요하겠습니다. 그러자면 먼저 무엇이 문제인지 알아내는 것이 중요하겠군요.

이진훈 | 예. 문제를 아는 것은 해답을 찾아가는 출발점이지요. 문제를 제대로 파악하지 못했다면, 이를 토대로 한 해답이 맞을 리가 없을 테니까요. 한 지역을 책임지고 있는 자치단체장의 소임 중에 소통의 역할은 매우 중요합니다. 선거를 통해 선출되는 만큼 지역 주민인 동시에 유권자가 되므로 그들을 만족시키기 위해서는 그들의 의견에 귀를 기울일 수밖에 없지요. 자치단체장은 주민과 공무원 사이에 가교 역할을 하는 '중간자'라고 보면 되지 않을까 합니다. 실제로 그런 중간자로서의 역할을 잘 하는 사람이 유능한 리더이고 다시 뽑힐 가능성도 높아집니다.

이를 위해 현장의 소리에 접근성을 높이는 방법을 어떻게 강구하느냐가 중요하지요. 조직 내의 공식 채널을 통해 듣기도 하지만 직접 만나는 기회를 늘리거나 전화, 인터넷 등을 통해 손쉽게 접근하도록 다양한 통로를 확보해야 합니다. 문제가 커질 때까지 알지 못하고 있다면 소통 능력에 문제가 있다고 보아야 합니다.

정약용 ㅣ 군주제 아래에서는 백성들을 보살피는 방편 정도로 소통을 생각하는데 그쳤다면, 민주적 체제 아래에서는 하나의 의무로서 주민들의 목소리를 들어야 하는 것으로 이해됩니다. 그런 점에서 민본의 정신이 훨씬 더 잘 구현될 수 있겠다는 생각이 듭니다.

실사구시 리더가 갖출 역량으로 결단력과 함께 갈등 해소 능력을 말씀하셨는데 조선시대에는 당파같이 권력을 둘러싼 갈등이나 백성들 사이의 소소한 갈등 정도였지요. 물론 그때도 갈등 자체는 대단히 심각했고 이를 해소하지 못해 생긴 폐해도 적지 않았지만 민주사회가 된 오늘날에는 갈등도 참으로 복잡하고 그로 인한 폐해도 만만치 않겠습니다.

이진훈 ㅣ 리더에게 반드시 필요한 역량으로 갈등 해소 능력을 든 것도 그 때문입니다. 정치행정 과정에서 개인 간뿐만 아니라 지역 간, 세대 간, 남녀 간 등 복잡 다양한 갈등들이 불거지고, 이를 해소하는 데 많은 노력과 시간이 투입되고 있는 것이 현실입니다. 생활을 둘러싼 환경권을 주장하고 재산권 침해에 대해 거세게 반발하는 일이 일상화되었지요. 지역 간 이해 대립은 지역정서라는 말이 흔해질 정도로 도를 넘었습니다. 중용의 가치를 추구하고 형평성을 맞추는 노력, 주민 참여를 높이는 노력 등을 통해 미래지향적이면서도 상호 성과를 얻을 수 있는 방안을 찾는 능력이 반드시 필요해졌습니다.

정약용 ┃ 과거 당파적 갈등 양상이 불필요한 사화士禍로까지 비화되어 많은 희생과 보복이 이어진 것이 참으로 안타까웠는데, 오늘날 다양한 갈등 상황을 풀어서 성과를 내는 리더가 되기 위해서는 뒷받침돼야 할 역량도 많아졌겠습니다. 제도적으로나 방법적으로 여러 가지 기술이 필요하기도 하겠고요.

이진훈 ┃ 갈등 요소를 파악하고 이해하는 노력, 무게 중심을 어디에 두는 것이 합리적인 것인가에 대한 판단, 시대정신을 읽어내는 능력, 이해 관계를 풀어내고 균형을 이루어내는 지혜 등이 필요하겠지요. 해답이 반드시 이해 관계인의 주장 중 중간을 택하는 것은 아닐 것입니다. 때로는 한쪽이 전부 얻고 한쪽의 주장은 전혀 들어주지 못하는 경우도 생길 수 있지요. 얼마나 설득해 내느냐, 불만의 수위를 더 낮출 수 있는 방안을 찾아내느냐가 중요하지요.

정약용 ｜ 맞습니다. 그럼 실사구시 리더가 갖추어야 할 두 가지 핵심 역량 가운데 먼저 결단 능력과 관련된 이야기를 먼저 풀어볼까요?

우선순위
|
지방자치 시대에는 지역가치가 먼저

이진훈　　정치행정에서 벌어지는 여러 가지 사안들은 재정적 한계에 직면하여 한꺼번에 추진할 수 없는 것이 현실입니다. 자연히 우선순위를 둘 수밖에 없습니다. 시대적으로 필요한 일, 경제적 수준에 따라 필요한 일, 주민 요구에 따라 필요한 일이 각각 다르고 리더의 관점에 따라서도 어느 일을 먼저 하느냐가 달라질 수밖에 없지요. 그럼에도 가장 우선에 두어야 할 일은 민생 문제겠지요.

정약용　　그렇습니다. 먹고 사는 기본적인 욕구를 충족시켜 주는 일이 무엇보다 우선이지요. 가뭄이나 홍수 등 자연재해로 인해 식량 사정이 좋지 못했던 조선시대에는 백성들의 먹는 문제가 가장 중요했습니다. 이를 외면하고 세도가들이 제 배 불리기만 우선하니 폐해가 이만저만이 아니었습니다. 제가 정전법을 제시하며 토지제도 개혁을 주장한 것도 그 때문이었지요.

이진훈 ｜ 오늘날에도 기초생활 보장은 가장 우선해야 할 일로 꼽힙니다. 자본주의 경제 체제, 자유경쟁과 시장경제 원리가 보장되는 오늘날의 사회에서 양극화 현상이 점점 심화되고 있는 게 문제입니다. 일종의 모순적 상황이지요. 경쟁에서 뒤처진 사람들에게 의식주 같은 기초생활을 영위할 수 있도록 도와주는 일은 국가나 사회가 나서서 해야 할 일 중에서 가장 우선되는 일입니다. 그래야 공동체가 유지될 수 있기 때문이지요. 이것이 보장되지 않는다면 체제 자체를 부정하고 바꾸고자 하는 시도가 생길 수도 있지요.

재해나 범죄 증가에 대비한 안전 문제는 과거보다 훨씬 중요해졌습니다. 기후 변화로 인한 자연 재해의 증가와 규모의 확대, 문명사회의 진전에 따른 인적 재해의 빈발, 정신문화의 피폐로 인한 범죄의 흉포화 등 일상생활의 안전을 위협하는 요소들이 오늘날 공공기관들이 직면하고 있는 과제들이지요. 세월호 침몰사고를 계기로 국민안전처가 총리실 산하로 옮겨 확대 편성된 것은 이러한 현상에 대처하기 위한 처방이었습니다.

저는 정부 복지 시스템의 작동에도 불구하고 생활고를 겪는 이들이 없도록 하기 위해 현장 관리와 지역사회의 희망 나눔 활동이 활성화되도록 하는 데 힘을 쏟고 있습니다. 희망복지지원단을 과 단위로 만들고 동 단위까지 희망나눔위원회를 운영하고 있습니다. 세세한 부분까지 손이 미치게 하기 위함이지요.

산지 절벽이나 옹벽 붕괴가 우려되는 곳에 예산을 우선적으로 배정하고, 노후 시장의 화재 예방을 위해 난잡한 전기선을 정비하는 일을 서둘러 처리해준 것도 안전에 대한 업무를 최우선에 두었기 때문입니다.

정약용 ㅣ 생존이나 안전 같은 기본적인 욕구에 대응하는 일은 언제나 우선돼야 하겠지만 시대적 필요성, 경제적 수준, 주민 요구 등에 따라 우선순위를 다르게 판단해야 하는 경우에는 리더의 역할이 대단히 중요하겠군요.

이진훈 ㅣ 네. 우선순위를 제대로 매기지 못한 채 닥치는 대로 일하다 보면 실컷 일을 해 놓고도 성과를 살리지 못하는 경우가 많습니다. 리더에게는 우선적인 일을 판단해내는 역량이 필요합니다. 또한 주민들의 요구를 적절히 조절하고, 필요에 따라서는 설득해서 우선순위에 대해 이해시키는 기술도 요구됩니다.

　수성구가 교육도시로 명성이 높은 만큼 주민들의 교육에 대한 욕구도 높습니다. 평생학습도시로 지정을 받아 평생교육을 확산시키고, 구립 도서관을 권역별로 새로 짓고, 학교 교육과정 개편에 따라 학교에서 미처 뒷받침하지 못하는 창의적 체험활동을 돕기 위해 지원센터를 만들었습니다. 이러한 일들은 교육경쟁력강화협의회를 운영하며 우선순위를 정해 가면서 추진하였지요.

정약용 ｜ 과거에는 우선순위를 판단하기 어려운 경우가 그리 많지 않았는데 오늘날에는 사회가 복잡해진 만큼 이를 따져야 하는 경우가 비일비재하겠군요. 어떤 기준으로 우선순위를 정해야 한다고 봅니까?

이진훈 ｜ 먼저, 지역 발전을 위해 어떤 일이 더 중요한가를 따져야 할 것입니다. 지역의 가치를 높이는 일이 우선이겠지요. 이를 통해 주민들에게 행복감과 자부심을 주는 일인가, 지역의 역동성을 살리는 일인가를 짚어봐야 합니다.

　예를 들어 대구 중심가를 근대 역사를 소재로 디자인해 '근대로의 여행'이라는 관광상품을 만들어내고, 이를 토대로 새로운 도시 활력을 이끌어낸 사례에서 지역이 가지고 있는 가치를 발견해내고, 우선적인 과제로 삼아 추진하는 것이 얼마나 중요한지 실감할 수 있습니다. 반면 대구의 가치를 한껏 높일 수 있는 자산인 달성토성 복원에 아직도 착수하지 못하고 있는 것은 참으로 안타까운 일입니다.

정약용 | 지역이 지향하는 가치라는 말은 군주국가에 살던 저에게 다소 생소합니다만 민주국가, 지방화 시대라는 사실에 비추어 보니 이해가 됩니다. 그렇다면 가치 판단이나 비교가 어려운 일들을 마주했을 때 어떤 기준으로 판단을 내려야 할까요?

이진훈 | 객관적으로 측정할 수 있는 효과성과 효율성이 기준이 될 수 있습니다. 명확한 측정이 어렵다면 전문가들의 중지를 모으고 지역 수요자의 욕구를 파악하는 것도 중요한 잣대를 만드는 길입니다. 사회현상에 대한 수치적 효과 예측이 어려운 일이긴 하지만 노력 여하에 따라 판단의 척도를 가늠할 수 있습니다. 지도자의 상상력도 한몫 할 수 있다고 봅니다. 그런 통찰력을 가진 지도자를 우리는 훌륭한 지도자로 존경하는 것이지요.

지역민들의 자부심을 높인다며 시청이나 군청 청사를 거대하고 호화롭게 지은 사례가 많은데, 효과에 비해 과도한 예산을 투여했기 때문에 비난받는 것입니다. 전문가나 주민 여론 수렴 과정을 제대로 밟았다면 충분히 피할 수 있는 일입니다. 저는 구 청사를 최소한의 예산을 들여 리모델링 하였는데, 냉난방 시설의 낭비 요소를 없애고 LED등 교체, 건물 외관 디자인 개선만으로도 어느 정도 구민들의 자부심을 살리고 직원들의 편의도 도모할 수 있었습니다.

정약용 ┃ 일을 하기 전에 결과를 예측해서 가장 실익이 있는 선택을 하는 것이 우선순위를 따지는 이유겠지요. 이럴 때는 전문가의 의견조차 빗나가는 경우가 많을 테니 결국 지도자가 결단해야 할 몫입니다.

법률적 장애
|
법·규정 활용능력 키우기

정약용　저는 '상서고훈'이라는 저술에서 '대저 사물事物이 오래 되면 썩기 마련이요 기구器具가 오래 되면 무너지고 법法이 오래 되면 폐단이 생기며 영令이 오래 되면 만홀漫忽해지는 것이다.'라고 밝혔습니다. 나라를 다스리는 법과 제도는 개혁을 통해서만 오래 갈 수 있다는 의미인데요, 오늘날에는 법령과 제도 역시 사회 변화만큼 훨씬 복잡해졌을 텐데 어떻게 대응하고 있나요?

이진훈　과거에는 행정과 입법이 사실상 통합돼 있어서 행정 과정에 문제가 생기면 법을 바꿔 풀어나가기가 좀 더 쉬울 수 있었지만 행정과 입법이 분리된 오늘날에는 합법성이 행정의 중요한 원칙으로 꼽힙니다. 아무리 좋은 정책도 법령을 벗어나서는 안 되는 것이지요. 행정행위가 법령이나 제도 때문에 막힌다고 해도 이를 바꾸기 전에는 따라야 합니다. 따라서 법령이나 제도에 대해 충분히 이해하고 꼼꼼히 확인한 뒤 일을 처리해야 행정력 낭비를 막을 수 있습니다.

지방행정에서는 토지의 이용, 건축·건설과 관련한 세부적 규칙을 익히는 것이 중요합니다. 토지의 용도, 이용한도, 이용방법 등이 도시계획, 건축법령, 개발법령에 의해 규제되고 있지요. 특히 그린벨트 제도는 도시의 무질서한 확산과 자연환경 보존이라는 긍정적 효과가 있는 반면 토지 가격의 차이로 인해 지주들의 불만이 매우 큰 것이 사실입니다. 공공기관 입장에서는 싼 그린벨트 토지를 이용하여 공공용지를 확보하고자 하는 욕구가 생기기 마련입니다. 현명한 생각이기는 하나 활용도를 살펴서 계획을 세워야 실수가 없습니다.

저는 도시관리와 관련된 제도를 익힐 수 있도록 직원들을 위해 다양한 교육 기회를 마련하고 있습니다. 공공행정을 다루는 공무원은 관련 지식을 습득해서 입지 선정, 개발정책 수립, 영조물 건립 계획, 인허가 관리 등을 제대로 할 줄

알아야 하니까요.

정약용 ㅣ 그렇다고 해도 상명하복上命下服이라는 조직의 원리가 있는데 상관의 지시에 따르다 보면 법령과 부딪히는 경우도 적지 않을 텐데요?

이진훈 ㅣ 특별권력관계라는 공무원의 입지, 상관에 의한 직무평가, 승진 문제 등 하급 직원이 상관의 지시를 거역하기는 매우 어려운 것이 현실입니다. 법적 한계를 거론했다가 자칫하면 소극적 업무 추진으로 비칠 수 있기 때문이지요. 그린벨트 토지에 노인복지시설을 건립하기 위해 몇 년 동안이나 용역을 하고 추진하다가 결국 포기했는데 용역비 사용이 문제가 돼서 직원이 징계를 받는 일도 있었습니다. 어처구니없는 사례이지요.

수성못 야간 오리배 운행 문제 처리 때의 일입니다. 주간 공유수면 허가권을 따낸 사업자가 과거 우리 구에서 임의로 야간 운행을 허용해준 예가 있다며 야간운행 허용을 강력히 요구하면서 문제가 불거졌습니다. 세월호 사고 이후 안전 관리를 더욱 강화하는 추세에 있어 담당 직원은 강력히 야간운행 금지를 주장했습니다. 양측 다 일리 있는 주장이었습니다. 결국 정식 과정을 거쳐 야간운행 금지를 규정한 농어촌공사의 표준약관을 수정하여 안전조치 조건으로 허용하자는 방침을 정했고, 총리실까지 가는 곡절을 거쳐 1년여 만에 규제 개혁이 이루어졌지요. 바다에도 밤에 배가 다니고, 한강에도 유람선이 다니는데 이런 방식으로 규제를 풀어준 것은 잘한 일이라고 봅니다.

정약용 ｜ 그렇다면 반드시 해내야 하는 일이 있는데 법령에 가로막힐 경우 어떻게 대처하고 있습니까?

이진훈 ｜ 일단은 법령 활용 능력을 높여야 하겠지요. 일을 처리하는데 한 가지 길만 있는 게 아닌 경우가 많기 때문에 일을 할 수 있는 법적인 근거를 찾아내는 능력도 대단히 중요해졌습니다. 말하자면 공공용물을 민간투자 방식으로 건립하고자 할 경우 공유재산법에 의한 기부채납 방식도 BTO, BOT, BTL 등 다양한 방식이 있고 민간투자법을 활용하는 방식도 있지요. 턴키 방식으로 설계와 건축을 동시에 하는 방식도 있습니다. 다만 어느 길로 가는 것이 공익에 부합하는가, 재정적 이익과 영조물 건립 목적 달성에 유리한가를 판단해야겠지요.

　다른 방법이 없을 경우에는 법령을 고치는 길을 생각해볼 수 있겠지요. 법령을 제대로 알고 일을 함으로써 행정력 낭비를 막고, 일이 될 수 있도록 적절한 법령을 찾아내고, 안 될 경우 법령을 고치려 노력하는 것이 실사구시 행정이 아닌가 합니다.

정약용 ｜ 그렇습니다. 제도적 틀을 만들고 절차를 만들어 발전을 도모하고 국민의 권리를 보호하는 것이 법령과 제도의 존재 의미가 되겠지요. 본래의 목적을 외면한 채 법령과 제도를 두고 공리공론만 해서는 국가 발전도 불가능합니다.

이진훈 ｜ 오늘날 정치행정에서 중요한 과제는 시대적 변화 요구에 부응하여 제도적 개혁을 해나가는 일, 쓸데없는 규제를 혁파하는 일인데 이는 어디까지나 공익 추구와 국민의 권리 보호가 지향점이 되어야 합니다. 그런데 선출되는 대통령마다 규제의 전봇대를 뽑아내자고 외칠 정도로 규제의 뿌리가 깊고 개혁이 어려운 것은 공무원들의 기득권 지키기와 함께 정치권이 당파적 이익을 내세운 공리공론에 집착하는 데서 비롯된다고 할 수 있습니다.

19대 국회는 발의된 1만 1천822건의 법률안 가운데 겨우 8천13건만 처리한 채 문을 닫았습니다. 노동관련법 개정은 여야의 대립으로 끝내 통과되지 못했고, 경제 활성화를 위한 서비스산업발전기본법은 의료민영화의 전 단계가 될 것이라는 야당의 반발과 보건의료산업 발전에 기여할 것이라는 여당의 주장이 절충점을 찾지 못해 폐기됐습니다.

다시 수성못 이야기로 돌아가서, 주변 상가의 옥상영업을 포함한 옥외영업 허용 때의 일입니다. 실무 부서에서는 옥상영업이 안전에 위험요소가 될 것이라고 하고, 지상 테라스 영업도 부작용이 많을 거라고 주장하면서 반대했지요. 저는 자동차 연료의 개선과 국민 의식수준 향상으로 옥외 식사나 카페 영업이 일반화되면서 서구의 거리문화와 흡사한 모습으로 현장이 변화되고 있는데 주목하여 과감하게 허용하기로 결정했습니다. 결국 상인들과 이용객들, 여론의 큰 호응을 얻었지요. 시대적 상황 변화에 발맞춘 규제개혁이라고 생각합니다.

정책시장 형성

|

잠재수요까지 예상할 수 있어야

정약용 실사구시의 큰 의미 가운데 하나는 백성들이 실생활에서 필요로 하는 부분을 정확하게 파악해 정책으로 만들어 백성들의 삶이 더 나아지도록 만들어주는 데 있습니다. 오늘날에는 이러한 정치행정의 기술이 훨씬 고도로 요구될 것으로 생각되는데요?

이진훈 그렇습니다. 정책을 만들고 추진할 때는 이를 필요로 하는 사람, 즉 수요자가 분명히 존재해야 합니다. 정책시장이라고 할 수 있겠지요. 수요가 없는데 공급하는 일방적 정책은 실패할 수밖에 없습니다. 예를 들어 공장을 짓기 위한 공단을 조성할 때는 수요자들이 어느 정도 존재하는

지, 적정한 분양 가격은 얼마인지, 시기적으로 어느 때가 적절한지 등을 면밀하게 파악해서 정책이 공급되는 즉시 수요가 발생하도록 해야 합니다.

이겨놓고 싸운다는 전법이 있듯이 성공할 수 있도록 정책이 수립되어야 합니다. 도서관을 지었는데 이용자가 없거나, 주차장을 만들어 놓았는데 텅텅 비어 있다면 실패한 정책이지요. 공공의 정책 실패는 정부 재정 낭비와 직결되기 때문에 이에 대한 비판은 더욱 클 수밖에 없습니다.

앞서의 공단조성 사업과 같이 수요자들의 매입 자금이 공단조성 경비, 즉 공급자 예산으로 쓰일 경우에는 수요자 존재 여부가 사업 성패와 직결됩니다. 막상 분양에 착수했는데 수요자가 적으면 조성공사비 일부를 국비로 확보하여 공급가격을 낮추거나, 새로운 수요 창출을 하거나 해서 사업을 조정해 나가야겠지요. 그러나 이는 당초 계획에 차질을 빚는 일로, 성공한 정책이라고 할 수는 없습니다.

정약용 ㅣ 정책이 실현될 수 있는 환경이나 여건을 조성한다는 의미로 생각됩니다. 그렇다면 수요 창출, 가격 결정, 정책 홍보 등에 상당한 분석 기술과 예측 능력이 있어야 하겠습니다.

이진훈 ㅣ 잠재적 수요가 실질적인 구매로 이어지도록 하는 노력이 필요합니다. 대구 북구 종합유통단지 조성 때의 일입니다. 섬유, 전기재료, 전자, 기계공구 등의 분야에서 수요가 예측되었지만 얼마나 될지 확신이 서지 않았습니다. 그래서 단지조성 구상을 미리 작성한 후 공급가격, 공급면적 등 대강의 내용을 사업설명회를 통해 홍보하고, 분야별로 조합을 구성하도록 하여 수요를 보다 명확하게 측정할 수 있도록 했습니다. 그런 후에 분양에 착수하여 성공적인 용지 분양이 이루어졌습니다. 정책시장을 의도적으로 조성한 예라고 할 수 있지요. 정책시장 형성은 기본적인 수요가 필수이지만 공급가격과 조건, 공급시기에 대한 판단을 통해 행정적으로 이루어내는 것입니다.

정약용 ｜ 사회적 필요성이 분명한 복지 정책 같은 경우는 시장을 만들고 수요와 공급을 일치시키는 데 어려움이 별로 없겠지만 경제나 문화, 환경 같은 분야에서는 한층 더 면밀한 분석과 검토가 필요하겠군요?

이진훈 ｜ 과거에는 백성들이 가뭄이나 홍수로 겪는 식량난, 전쟁이 끝난 후의 피폐한 생활상, 갑작스런 전염병 창궐 등이 있을 때 민생을 추스르기 위해 직접 수혜를 주는 방식이었고, 담당 관청을 만들어 수요에 대응했습니다. 재정을 염출하고 독지가들이 나서도록 조장하는 일이 관리의 주요 책무였을 겁니다.

지금의 복지정책은 전반적인 소득수준 향상과 양극화의 심화로 인해 일정 시기나 사안에 따른 추진이 아니라 저소득층을 비롯한 사회적 약자들을 상시적으로 보살피는 광범위한 일이 되었습니다. 공공기관 내에 담당 부서를 두는 방식으로는 수요에 충분히 대응할 수 없기에 공급시장을 만드는 것이 일반적인 방법이 되었습니다. 어린이집, 경로당, 복지관, 장애인 복지시설 등을 국비, 지방비로 만들거나 민간투자를 일으키고 정부가 지원하는 방식을 쓰고 있습니다.

사회적 필요가 수요로 연결되므로 수요 문제는 적절한 공급시장 관리가 있어야 정책 수행이 가능하지요. 수요 대응 방식의 선택이 매우 어려운 경제 정책, 문화나 환경 정책을 만드는 데는 수요조사, 대안 검토, 경제성 비교, 효과 분석 등 다양한 검증 절차를 거쳐야 요구되는 정책시장의 종류와 방법을 판단할 수 있습니다.

정약용 ㅣ 공급에 비해 수요가 지나치게 많거나 적을 경우도 충분히 예상할 수 있는데 그럴 경우 어떻게 대처해야 할까요? 또 수요와 공급의 일치를 막는 장애 요인이 있을 경우 어떻게 헤쳐 나가야 할까요?

이진훈 ㅣ 수요의 성격이나 수요자 성향 파악이 제대로 안

될 경우 정책시장은 제대로 형성되지 않습니다. 외곽지역에 게이트볼장을 만들었더니 동호인들이 이용하지 않아 실패한 일이 있었습니다. 동호인들이 원하는 곳은 접근성이 좋은 곳이었습니다. 그래서 지하철 이용이 용이한 장소로 입지를 변경했더니 대단히 좋아하더군요.

노인복지관을 하나 지어 개관했더니 초기에 수요가 폭주했습니다. 수요자 분포를 보니 거리가 먼 지역에서도 이용자가 적지 않았습니다. 그래서 권역별로 차례로 노인복지관을 지어나가고 있습니다. 수요자가 분산되어 가면서 노인들의 만족도도 높아지고 있습니다.

정약용 ｜ 흥미롭군요. 하지만 수요가 많다고 해도 재정 투자로 모든 걸 감당하기는 힘든 부분이 있을 텐데요.

이진훈 ｜ 그래서 민간 자원이나 투자를 활용하는 방안을 적극적으로 검토해 시행하고 있습니다. 예를 들어 보겠습니다. 어린이집의 질적 수준을 높이기 위해서는 국·공립 어린이집을 늘려야 하는데 열악한 재정여건상 신축에는 엄두를 못 내고 있었습니다. 그래서 민간 어린이집을 대상으로 소유는 그대로 둔 채 시설을 10년간 무상임대해 주면 운영을 위탁하는 조건으로 국·공립 어린이집을 늘리기로 하고 희망자를 모집했더니 경쟁이 불붙을 정도로 인기가 있었습니다. 민간 어린이집의 경영난을 덜어주는 일이기도 했기 때문입니다. 수요와 공급의 불일치를 막기 위해서는 수요자 요구조건 충족, 공급시장 요건 변경, 수급 균형을 위한 공급량 증가, 정책 시행의 시기 포착 등 다양한 방안을 활용해야 합니다.

투자자금
|
지역맞춤형 자금활용의 제도적 개선 필요

이진훈　　예나 지금이나 국가와 지방정부 운영에서부터 관공서 신·증축, 도로나 하천 등 사회기반시설 정비 같은 일에는 국민의 세금이 쓰이고 있습니다. 과거에는 중앙정부로 세금을 바치기만 할 뿐 지방의 재정은 원칙적으로 지방 자체에서 충당한 것으로 아는데, 지방 재정을 어떻게 운용하느냐가 대단히 중요했겠습니다.

정약용　　그렇지요. 재물은 백성으로부터 나오는 것이며 이것을 받아서 나라에 바치는 자가 수령입니다. 이 일을 공평무사하게 잘 처리하는 것이 목민관의 기본입니다. 나라에 바치고 남은 재물로 도로를 닦고, 다리를 놓고, 저수지를 정비해서 백성들의 생업을 도왔습니다. 관아 건물을 수리하고 성을 보수하는 일, 민관에 필요한 물품을 만드는 일 등 공전公典에 대해서는 목민심서에 자세히 밝혀 두었지요.

과거에는 지방 단위에서는 막대한 자금이 필요한 일이 많지 않아 수령의 재정 부담도 크지 않았습니다. 관아 건물을 수리하고 성을 보수하고 저수지를 정비하는 일 등은 수령이 평소 관심을 가지고 챙기면 큰 재정 투자 없이 가능했지요. 인구가 많아지고 사회가 복잡해진 오늘날에는 그런 부담이 대단히 크겠군요?

이진훈 ǀ 국민과 기업들의 세금이 재정의 주된 수입인 것은 마찬가지이지만 국가에서 걷어가는 국세가 지방세보다 훨씬 커서 지방 자체 사업을 벌이기가 대단히 어렵습니다. 그래서 국가로부터 얼마나 예산을 잘 따내느냐가 지방행정의 주요 과제가 되었습니다.

2009년 대구시 기획관리실장을 할 때의 일입니다. 전년도보다 국비 확보 총액이 두 배 가까이 늘어 대구시 사상 최초로 3조 원을 돌파했습니다. 당시 시장님의 재정 확대에 대한 의지가 대단했습니다. 저는 예산담당 과·계장에게 3조 원 목표 달성 시 승진 약속까지 하며 독려하고 매주 한두 번씩 서울을 오가며 전력을 쏟았습니다. 예산 부서뿐만 아니라 모든 부서가 국비 확보에 나선 것도 그때의 일이지요. 이것이 지방자치의 현주소입니다. 국비 확보가 지방의 살 길이 되는 비정상적 상황이 된 겁니다.

문제의 근본 원인은 재정 수입 불균형입니다. 일은 지방정부가 중앙정부보다 6대4 비율로 더 많이 하는데 재정 수입은 2대8 정도로 중앙정부 비율이 큽니다. 어떤 기초자치단체는 공무원 월급 주기도 어려운 정도이니까요. 민선자치 20년이 넘었지만 2015년 자치구들의 재정자립도는 평균 25.79%에 불과합니다.

만 3~5세 유아에게 공통으로 제공하는 교육·보육과정인 누리과정 예산을 누가 부담하느냐를 두고 교육부와 시·도 교육청이 결사적으로 대립하며 싸우고 있는 것도 재정의 중앙집중 현상에 따른 부작용입니다. 최근 학교에 대한 지원 예산이 대폭 줄어든 만큼 누리예산 부담으로 인한 시·도 교육청의 재정력 약화가 심각합니다.

이러한 재정의 중앙집중 현상은 관료제 문화 속에서 사업별로 공모나 심사 방법을 통해 나누어주는 형태로 발전했습니다. 지자체의 사업계획을 서로 경쟁시켜서 지자체 공무원들이 작은 사업예산, 심지어 10억여 원 정도의 사업도 국비를 따내기 위해 뛰어야 하는 것입니다.

정약용 │ 국가가 세수의 대부분을 가져가서 지방에 다시 배분하는 데는 효율성이나 투명성, 비리 방지 등 여러 가지 이유가 있겠지만 사업별로 신청을 받아 심사를 해서 주는 방식은 지나친 감이 있네요. 지방정부의 독자성을 그만큼 인정하지 않겠다는 의미 같군요.

이진훈 │ 지자체에 따라 세원이 다르고 고르게 세수가 나올 수 있도록 하는 세목을 찾기가 어렵기 때문에 국가가 일괄적으로 걷어서 나눠주는 방법이 효율성이 높을 수도 있다고 봅니다. 그러나 이제 지방자치제가 도입된 지 20년이 지나 지방행정도 상당한 수준에 이르렀습니다. 재정을 사업별로 나눠주는 방식은 안 됩니다. 민선단체장이나 지방의회가 지역을 발전시키고자 하는 의욕이 누구보다 강하고, 지역 사정을 가장 잘 알고 있으므로 투자 우선순위는 지방에서 정하도록 해야 합니다. 지방에 예산을 포괄적으로 내려주고 지역 특성에 맞도록 스스로 예산을 배분하고 추진할 수 있도록 하는 방식으로 전환해야 할 때입니다.

투명성이나 비리 방지 같은 문제는 핑계에 불과하다고 봅니다. 민선자치시대가 되면서 단체장의 책임감, 지방의회의 성장, 지자체 공무원들의 실력 향상이 이루어지고 있을 뿐만 아니라 비리 발생도 중앙정부보다 결코 많다고 볼 수 없습니다. 중앙권력, 중앙관료, 중앙언론 등 중앙정부 관련 권력층들이 기득권을 지방에 내어주지 않으려고 하는 데서 재정의 지방 배분이 이루어지지 않고 있다고 봅니다.

정약용 ㅣ 어느 시대에든 청백리가 있고 탐관오리가 있듯 오늘날에도 수령의 역량이나 청렴도에 따라 여러 가지 문제가 생길 수 있고, 지방 발전에 불균형이 올 수 있다는 격정도 내세울 수 있을 것 같은데요?

이진훈 ㅣ 구더기 무서워서 장 못 담그는 것과 마찬가지 논리라고 봅니다. 예산 집행의 효율성 확보나 비리 방지 같은 문제는 다른 방식으로 해결하면 됩니다. 재정이 지방에 내려오게 되면 유능한 공무원이 지방으로 자연히 내려오게 될 것입니다. 초기에는 집행 과정에서 시행착오가 생길 수 있을지 모르나, 이러한 현상은 선거제에 의해 치유되어 나간다고 봅니다. 다른 지역과 비교해서 발전이 더디게 되면 당연히 선거를 통해 책임을 물을 것이기 때문이지요. 지역 간 경쟁이 자연스럽게 일어날 것이므로 장기적으로 보면 불균형 문제도 해소된다고 봅니다. 감사 기능의 강화를 통해서 비리 문제는 얼마든지 바로잡을 수 있을 것이고요.

최근 지방분권, 즉 권한과 재정의 지방 배분 문제가 지방자치제도 발전의 화두로 떠오르고 있습니다. 헌법과 관련

법률 개정을 통해 중앙권력의 비대화, 수도권 집중화, 지방의 피폐 문제를 해결해야 합니다.

정약용 ｜ 국가 예산을 많이 따내는 것도 중요하지만 여러 가지 사업에 어떻게 효율적으로 배분하느냐도 쉽지 않은 일이겠군요. 같은 예산이라도 어떻게 추진하느냐에 따라 사업의 결과는 완전히 달라질 수 있을 텐데 말이지요.

이진훈 ｜ 자원 배분을 효율적으로 하기 위해 타당성 조사, 기본계획 용역, 시범사업 등 다양한 방법을 활용하고 있습니다. 1차적으로는 어디에 투자하느냐가 먼저입니다. 지금 시점에서 지역 주민들에게 우선적으로 필요한 것이 무엇이냐 하는 것이지요. 그것이 정해지면 문제를 해결하기 위해 최선의 방안을 찾는 일, 목표를 달성할 수 있는 방안을 연구하는 과정도 중요합니다.

　지도자의 철학과 의지도 중요하다고 봅니다. 정책과 지역발전의 비전을 어디에 두느냐에 따라 우선순위가 달라질 수 있지요. 저는 첫 번째 임기인 2010년에 지역발전의 비전을 교육문화도시에 두고 수성못과 하천 정비, 문화센터 확충, 교육 인프라인 도서관과 창의체험센터 설립 등을 우선 투자 대상으로 잡았습니다. 지금은 이러한 사업들이 결실을 거두고 있어 지역의 면모가 변화되는 모습을 실감하고 있습니다. 수성구는 깨끗하고 쾌적하다, 교육문화의 명성이 높다는 평가가 자연스럽게 나올 정도가 되었습니다.

같은 사업이라도 예산을 어떻게 배분하느냐에 따라 결과 차이는 엄청날 수 있지요. 타당성 조사나 기본계획 용역을 통해 프로그램, 로드맵, 설계 수준을 세밀하게 정한 뒤 합리성과 경제성을 따져 예산을 배분해야 오류를 줄일 수 있습니다.

민간자본 활용
|
선제적 재정사업은 마중물 효과

정약용　요즘은 지방에서 하는 일이라도 예산 규모가 막대한 것 같군요. 그러면 국가나 지방의 예산만으로 부족한 경우도 있을 텐데 어떻게 대처하나요?

이진훈　선생께서는 '경세유표'에서 국가 재정 확립을 위해 국고 대부분을 부담하는 농민이 아니라 소홀히 관리되던 각 산업 분야에서 수익을 올리고, 농업 외 직업을 가진 백성에게도 부담을 시켜서 공평을 기하며 재정을 튼튼히 해야 한다고 말씀하셨습니다. 당시로는 훌륭한 재정 방안이지만 오늘날에는 재정을 확충해 모든 일을 다 하겠다는 발상은 하책下策이라고 봅니다. 사업에 따라 온전히 재정으로 해야 할 일이 있지만, 재정은 민간 자본을 끌어들이는 마중물로 생각해야 하는 일도 많습니다. 재정 확충 못지않게 민간 자본 투입을 활성화하는 것도 결국 재정의 볼륨을 키우는 일이라고 봅니다.

지역개발 사업을 위해서는 개발 구상을 하고 단지 조성 설계나 보상을 통한 토지 확보를 해야 하는데, 이러한 일들은 재정 투자를 통해 먼저 이루어집니다. 그 후 부지의 분양을 통해 수요자들이 민간자본을 투입하게 됩니다. 이렇게 민간투자를 유도함으로써 나대지가 도로, 상하수도, 공원녹지가 있는 쓸모 있는 부지로 탈바꿈하게 되고 경제적 의미를 가지는 개발이 완성되는 것입니다. 재정으로 해야 할 공공시설이 민간자본으로 만들어지는 것이지요.

정약용 | 민간 자본을 끌어들이려면 투자하는 사람에게도 일정한 이익이 있어야 할 텐데요. 가뭄이나 흉년, 전염병 창궐 등으로 인해 부자의 나눔이 요구되는 경우는 다르겠지만 보통의 사업에 민간의 투자를 끌어들이기는 쉽지 않겠습니다.

이진훈 | 오늘날에는 다양한 방법이 활용되고 있습니다. 민간 투자를 촉진하기 위한 인센티브 방식도 여러 가지지요. 지역개발 사업의 경우는 개인이 개발하는 것보다 공공

개발 방식은 비용이 절감 되는 이익이 있습니다. 개발을 위한 행정절차 이행과 사전 재정 투입이 인센티브라고 볼 수 있습니다. 정부가 토지를 소유하면서 개발비용을 민간이 투입하고 일정 기간 동안 운영 수입을 얻어가는 방식, 즉 기부채납 방식도 있습니다.

기업 경영에 도움을 주고자 R&D 사업이나 R&D 시설 설치, 경영자금 지원 등을 통해 투자를 늘리는 것도 인센티브 제도의 일종이지요. 최근에는 공원 개발에 민간자본 투입을 유도하기 위해 묶여 있는 공원 부지 일부를 해제하여 활용하도록 하는 대신 나머지 공원 시설을 조성하여 기부하는 방식도 많이 쓰이고 있습니다.

재정 사업을 통해 일정한 기반시설을 조성하면 민간 투자가 저절로 일어나는 경우도 적지 않습니다. 수성못을 깨끗하고 아름답게 단장하고 문화공간으로 변모시켰더니 주변의 상가들이 활성화되면서 여러 상가가 리모델링을 하고 새로운 건물이 들어서기도 했습니다. 바로 앞에 위치한 호텔은 대규모 투자를 계획하여 새로 증축을 하고 있습니다.

도시철도 3호선의 효과는 서문시장, 수성못으로 사람들이 몰리는 효과 외에도 역세권 주변에 새롭게 투자가 일어나는 영향을 주고 있습니다. 하천 정비, 단독주택지 마을 만들기 사업의 추진도 주변 주택가의 가치를 높이고 노후 건축물도 깔끔하게 용모를 바꾸게 만드는 묘미가 있었습니다. 멋지게 지어진 도서관이나 문화센터, 복지관 주변의 분위기가 자연스럽게 변화되는 모습도 확연하게 확인할 수 있었고요. 재정의 효과가 민간투자 확대, 민간 재산권의 가치를 높이는 결과로 나타난 것이지요.

정약용 ┃ 재화의 생산은 백성의 생존과 국가의 존립에 필수적인 일이고, 백성이 재화를 생산하고 이를 향유하는 것은 마치 물이 흐르는 것과 같이 자연스러운 욕구입니다. 이러한 이용후생 정신이 제대로 구현되도록 하는 것이 행정의 중요한 역할입니다. 제가 과학적 지식의 도입과 실천을 중시하고 한강교 가설 설계나 수원성 축조 등에서 실현해 본 것도 그런 취지입니다.

이진훈 ┃ 오늘날 행정에서도 마찬가지입니다. 재정 투자를 통해 민간 투자를 활성화시키고, 이것이 경제에 활력을 불어넣어 국민의 부가 커질 수 있도록 해야 하지요. 제조업 생산력을 높이기 위해 정부가 재정을 투입하여 저렴한 공장 부지 조성을 위한 개발 사업을 하게 되면 기업들은 투자 의욕이 생기고 생산품 판매를 통해 소득을 얻게 되는 이치입니다. 이에 따라 수출을 통해 경제 성장이 되고 국부도 커지게 됩니다. 재정으로 도로나 교량 같이 기업 경쟁력을 높여 주는 기반시설을 건설하거나 IT, BT, NT 등 신기술 개발에 투자하고 과학기술 인력 양성을 위해 지역별로 과학기술원을 설립한 것도 기업을 도와주기 위한 재정 활용이란 면에서는 마찬가지입니다.

주차장, 공원, 도서관 같은 도시생활 인프라 투자를 통해 살기 좋은 환경을 만들게 되면 주거 경쟁력이 높아져서 생산활동은 역외에서 하더라도 생활비 지출은 거주지에서 하게 함으로써 지역 발전을 기할 수 있습니다. 모든 재정활동이 곧 경제활동이라고 할 수도 있는 거지요.

경제성
|
합리적이고 목적에 맞아야 경제적

이진훈 선생은 목민심서에서 '도로를 잘 닦아 여행자가
그 도로로 다니기를 원하는 것도 훌륭한 수령의 정사이다.'
라든가 '교량은 사람을 건너게 하는 시설이니 날씨가 추워
지면 마땅히 즉시 설치해야 한다.' 라든가 '농기구를 만들
어 백성들의 농사를 권장하고, 직물 짜는 기계를 만들어 부
녀자의 길쌈을 권장하는 것은 수령의 직무이다.' 등을 짚으
셨는데 수령의 정사에는 반드시 목적과 효과가 있어야 한
다는 점을 강조하신 것으로 보면 될까요?

정약용 저는 '원목原牧'에서 정치행정이 기본적으로 해야
할 일은 공과 죄를 공평하게 가리는 일 외에 나머지는 실생

활에 필요한 전지田地, 도량형, 수리, 임목, 광업, 병거兵車 등에 관한 일이 주된 업무이고 이를 통해 백성들이 잘 살 수 있도록 해야 한다고 설명했습니다. 이러한 일을 할 때는 당연히 백성들에게 돌아갈 이익이 무엇인지를 따지는 것이 기본이지요. 오늘날에도 마찬가지가 아닐까요?

이진훈 │ 현대 행정에서 정책을 실제 추진할 때는 합목적 성이나 합리성, 경제성 등 여러 가지를 검토합니다. 그런데 편의적으로 가다 보니 요즘은 경제성 분석을 우선하는 경 향이 있습니다. 중앙정부는 비용 대비 효과라는 의미의 B/C분석을 정책 추진 여부를 결정하는 중요한 기준으로 여 기지요. 실효성 있는 방식이지만 너무 여기에만 초점을 맞 추다 보니 문제도 다양하게 불거지고 있습니다. 사실상 정 치적으로 결정을 내려놓고 이를 뒷받침해주는 도구로 활용 하는 경우도 있고, 계산 방식을 달리 해 효과를 높이고 비 용은 낮춰 타당성 있는 사업으로 만드는 경우도 있습니다. 이용자 수 예측 오류 같이 기술적 오류를 범하는 사례도 적 지 않습니다.

예를 들어 민자도로 건설을 할 때는 민간투자를 통해 도 로를 먼저 건설하는 이익을 얻는 대신 장기간에 걸쳐 투자 자가 투자비를 회수하도록 하는 정책 메커니즘이 기본인데, 목적 달성과 합리적 비용 편익의 비교가 정책 수립의 기준이 됩니다. 여기에서 정치적 성과를 내세워 무리하게 경제성을 이끌어내고자 하는 비합리적 주장이 관철되기도 합니다. 도로 건설이 되고 나면 이용자가 늘어난다고 떼를 쓰거나, 비용 효과의 계산을 인위적으로 조정하는 경우도 있습니다.

도로 통행량 예측은 수입 계산을 하는 기초자료인데 도시 인구의 증가 추이와 상관관계를 갖게 됩니다. 도시 인구 증가 예측이 잘못되면 통행량 예측도 틀리게 되는 것이지요. 범안로나 앞산터널로의 경우 실제 통행량이 당초 통행량 예측의 30~40% 밖에 되지 않아 문제가 발생하고 있습니다.

정약용 ㅣ 정책을 추진할 때 비용 대비 효과를 따지는 건 필요하지만 여기에 너무 매몰되어서는 안 될 일이지요. 백성의 삶을 돌보지 않고 자신의 출세에 집착하는 수령들이 성과에 매달리는 경우는 과거에도 있었습니다. 중앙정부가 비용 대비 효과를 기준으로 지방정부에 예산을 지원하는 방식도 분석이나 예측 오류로 인해 잘못된 결과를 가져오기 쉬워 보이는군요. 다르게 고려해야 할 부분도 많을 텐데요.

이진훈 ㅣ 지방정부가 국비 지원을 받기 위해 B/C분석에 매달릴 수밖에 없는 구조를 바꿔야 한다고 봅니다. 지방정부 자체에 재정적 여유가 있다면 스스로 판단해서 우선 투자할 수도 있을 텐데 무조건 B/C를 맞추는 방식으로 하는 건 문제가 있지요. 앞서 말씀드렸듯이 중앙정부가 포괄적 재정 지원 방식으로 지방정부에 재량권을 주어야 합니다.

지역에 따라 특성이 다르고 발전 비전도 다를 수 있으므로 각기 다른 투자 방향을 설정할 수 있다고 봅니다. 지역에 따라 중점 육성하고자 하는 부분이 있을 수도 있고, 어떤 분야에 먼저 투자한 연후에 다른 분야로 넘어가야 효과적일 수도 있습니다. 단순히 B/C분석에만 매달려 근본적인 지역 발전 비전을 놓치는 우를 범하지는 말아야겠지요. 지방에서 투자 우선순위를 정해야 효과성과 경제성이 적절하게 고려되어 최고의 효율을 내는 방향으로 예산이 쓰일 가능성이 커지게 됩니다.

정약용 ㅣ 효과 분석이 잘못되면 비용 부담은 고스란히 시민들의 몫으로 돌아올 텐데, 시민들도 경각심을 가져야겠군요. '우선 먹기는 곶감이 달다'는 식으로 정책이 세워져서는 곤란하지 않을까요?

이진훈 ㅣ 편익을 부풀려서 사업을 추진하게 되면 성과를 낸 것처럼 보일 수는 있지만 운영 적자로 인해 미래 세대에 부담을 떠안기는 결과가 됩니다. 도시의 발전 방향을 정립하고 거기에 맞춰 투자 우선순위를 정해 전략적으로 투자가 이루어져야 합니다. 과잉 투자가 되거나 선후가 뒤바뀐 투자가 이루어지면 그만큼 재정 낭비가 되는 것이고, 지역 발전에 저해될 뿐만 아니라 지역 주민의 부담도 늘어나는 것이지요.

250만 인구에서 정체되어 있는 대구의 도시 규모에서는 지하철 건설이 불합리하다고 보아 도시철도 3호선에서는 지상철 도입이 이루어졌고, 최근에는 지하철의 20% 정도 투자비가 들어가는 트램(노면전차)이 도입되어야 한다는 주장이 나오기도 했습니다. 목적 달성을 추구하되 다양한 대안을 가지고 선택함으로써 경제성 있는 정책이 마련된다고 봅니다. 전문가나 주민 의견 수렴을 실효성 있게 진행해 정치인들의 성과지향 사고를 견제하는 것도 중요한 일이지요.

이진훈   조선시대에는 백성들의 먹고 사는 문제가 가장 중
요했으니 목민관의 역할도 여기에 맞추어졌을 텐데요. 농
업이 핵심 산업이던 당시에는 가뭄이나 홍수 등 흉년이 들
상황을 예측하는 일이 막중했겠습니다. 최근 정부는 하천
정비를 할 때 배수량 기준으로 과거 50년 빈도 최대 강우량
이상으로 하던 것을 100년 빈도 최대 강우량 이상으로 바꾸
었습니다. 기후 변화에 따라 폭우가 더욱 심해진 데 대비하
고자 하는 것입니다. 선생께서 천문과 역학을 중시하시고,
목민심서에서 '구황救荒의 정사에는 예비만한 것이 없으니
예비하지 못하면 모든 것이 구차할 따름이다.' 라고 강조하

신 것도 이런 뜻이겠지요.

정약용   흉년이 들었을 때 진휼곡을 수집하는 것은 때늦은 일입니다. 풍년이 들면 반드시 각 고을로 하여금 진휼곡을 미리 모으게 하되 가장 많이 모은 고을에는 상을 주고 부실한 고을에 벌을 내리면 흉년을 만나도 진휼곡이 모자라는 근심은 없을 것입니다. 영조 12년에 우의정 송인명의 청을 임금께서 윤허하여 실제로 진휼곡을 수집한 경우와 같이 현명한 지도자라면 미래를 내다보고 미리 준비하는 역량을 갖춰야 합니다. 인구가 많고 산업이 복잡해진 오늘날에는 더욱 그러할 것입니다.

이진훈 ㅣ 변화의 속도가 빠르고 변수가 다양해져 그만큼 미래 예측도 어려운 시대가 되었습니다. 그래서 미래의 트렌드와 수요를 예측하는 능력은 오늘날 지도자의 필수 역량이라고 할 수 있습니다. 과거와 현재에 대한 정확한 분석을 바탕으로 미래를 그릴 수 있는 상상력을 갖춰야만 가능한 일입니다. 이용자 수요 예측, 교통영향평가, 환경영향평가 등 미래 예측과 분석 시뮬레이션 기법 등을 활용한 과학적 방법들이 동원되고 있지만 미래를 정확하게 판단하고 대책을 내놓기는 참으로 어려운 일입니다. 지도자의 경험이나 견문, 예지력 등에 기대를 걸 수밖에 없지요.

경부고속도로 건설을 대표적인 사례로 들 수 있습니다. 독일의 아우토반과 같은 도로가 머지않아 반드시 필요해지리란 것을 당시에는 누구도 쉽사리 예측하고 결단을 내릴 수 없는 형편이었습니다. 지금에 와서 보면 어처구니없는 일이지만 주변의 반대가 극심했습니다. 이를 무릅쓰고 추진한 것이 오늘날 산업화의 밑거름이 되었으니 미래를 예측하는 지도자의 역량이 얼마나 중요한지 실감할 수 있는 사례라고 할 수 있지요.

정약용 | 도로를 잘 닦고 정비해서 다니기 편하게 하고, 강과 하천에 제방을 쌓아 백성들의 거처를 안정시키는 일은 목민관의 소임입니다. 국가의 대계를 책임진 대통령뿐만 아니라 지방정부의 책임자도 이처럼 미래를 예측해 사회기반시설을 정비하는 일에 소홀해서는 안 될 것입니다.

이진훈 | 대구의 동서축과 남북축인 달구벌대로와 동대구로, 1차에서 4차에 이르는 순환도로, 신천대로 등도 미래의 수요와 교통량을 잘 예측해서 만든 도로입니다. 당시의 시장들로서는 쉽지 않은 결정이었고 반대도 적지 않았지만 용단을 내린 덕분에 지금 대구의 교통난이 다른 대도시에 비해 한결 덜한 거지요. 도시란 지도자가 어떤 그림을 그리느냐에 따라 미래가 완전히 달라질 수 있기 때문에 어떤 지

도자를 뽑느냐에 도시의 성쇠가 달려 있다고 할 수도 있습니다. 기업도 마찬가지입니다. 삼성이 반도체 산업을 주력 사업으로 선택하고 키워온 덕분에 IT분야에서 한국이 주도적 역할을 해왔습니다. 당시 삼성 지도층의 미래 예측 능력이 뛰어났기 때문에 가능했던 일입니다.

정약용 | 지도자나 일을 책임진 사람의 잘못된 예측으로 인해 문제가 생기는 경우도 그만큼 많겠습니다. 수요를 잘못 예측한다거나 트렌드를 잘못 분석해서 정책의 방향을 엉뚱하게 결정하면 막대한 손실이나 낭비가 생길 수 있겠군요.

이진훈 | 미래를 내다보고 추진하는 모든 정책이 성공할 수는 없겠지요. 하지만 최근 구미 새마을회관의 이용 문제가 제기되었듯이 전국 곳곳에 조성된 시설들 가운데 상당수가 수요 예측 실패로 텅텅 비는 상황에 놓여 있습니다. 대구 도시철도 3호선이나 범안로, 앞산터널로의 경우 실제 통행량이 예측 통행량의 30~40%, 많아야 절반 정도에 그치고 있는 것도 문제로 제기됩니다. 운영비 과다 또는 민자 투자에 따른 적자 보전비용 과다 부담으로 이어지고 있습니다.

환경, 생태와 같은 분야는 어느 정도 과학적 예측이 가능하지만 문화 예술과 같이 과학적 분석과 예측이 어려운 창조적인 분야는 더욱 실패에 유의해야 합니다. 나름 객관적으로 분석하고 예측했다고 해도 틀리기 십상입니다. 이럴 때 지도자의 숙고와 결단이 중요해집니다. 용역 진행이나 자문 과정에 충실히 참여해 분석과 예측의 허와 실을 따지고 주위 의견을 듣고 비판을 받아들여 올바른 결론이 내려질 수 있도록 이끌어야 합니다.

사실 미래 예측과 이에 따른 결단은 지도자의 몫입니다. 어떤 변수를 중요시할 것이냐의 판단부터 해야 합니다. 가치 판단의 문제, 즉 정치적 결단의 문제이지요. 2011년에 정부는 동남권 신공항 건설이 경제성이 없다는 결론을 내고 백지화했습니다. B/C 분석상 밀양과 가덕도 둘 다 1이하라는 것입니다. 그러나 국토균형발전이나 선도적 사업추진이라는 측면에서 필요하다는 지적이 있었고, 외국 용역업체에 맡겨 타당성 검토가 다시 진행되었습니다. 지도자의 결단에 의해 내려져야 할 대규모 사회간접자본시설 추진을 단지 경제성만으로 판단해서는 안 된다는 사실을 시사해주는 사례라고 할 수 있지요.

타이밍
|
물 들어올 때 배 띄우는 것이 골든타임

이진훈   선생께서는 목민심서 애민愛民편에서 '환난患難이 있을 것을 생각해서 예방하는 것이 재앙을 당한 후 은혜를 베푸는 것보다 낫다.'고 하시고 '재해災害 뒤에는 백성들을 쓰다듬고 편안히 모여 살게 해야 하니 이 또한 수령의 어진 정사이다.'라고 하셨습니다. 이는 재난 방비를 위한 유비무환有備無患의 자세와 재난에 대한 신속한 대응을 강조하신 걸로 생각됩니다.

   요즘도 큰 비가 예상되면 고수부지에 주차된 차량들을 이동시키고 해빙기에는 산 절개지나 옹벽에 갈라진 곳은 없나 꼼꼼히 점검해야 피해를 막을 수 있습니다. 정책을 시행할 때 적절한 시기를 살피고 가장 필요한 때를 놓치지 말라는 말씀이겠지요?

정약용 　제 집이 한강변에 있어서 해마다 여름과 가을에 큰물이 들 때마다 집들이 떠내려오는 것을 보는데, 마치 이른 봄 물 위에 떠 있는 얼음과 같았습니다. 닭이 지붕 위에서 울기도 하고, 혹은 옷들이 문고리에 걸려 있기도 했습니다. 올해에도 이와 같았고 내년에도 또다시 그러할 것이니 이는 모두 수령들이 백성들을 안착시키지 못한 허물 때문이지요. 닥쳐올 재난에 때맞춰 대비하는 일, 정책을 제때 추진하는 일은 목민관의 기본 임무라고 할 수 있습니다.

이진훈 ｜ 경제와 금융, 부동산, 규제 완화 등 모든 정책 추진에 있어서도 골든타임이 있습니다. 때를 놓치면 제대로 된 성과를 기대할 수 없지요. 골든타임에 이뤄지는 정책은 주민들의 수용도가 높아지고 성과도 커지지요. 정치적, 재정적 동력을 얻는 데도 유리합니다. 대구 새 야구장 건립은 기존 시민운동장 야구장이 위험하다는 여론이 고조되면서 탄력을 받았지요. 4대강 정비 사업이 진행될 때 샛강 살리기 사업을 연계시킨 것도 적절한 타이밍을 잡은 것이었습니다.

　좋은 타이밍을 만들기 위해서는 반드시 지도자의 거시적

안목이 필요합니다. 국가 정책은 세계적인 흐름을 잘 살펴서 추진해야 하고, 지방 정책은 국가 정책 방향에 맞춰야 합니다. 여기에다 사회 경제적 상황이나 주민 여론, 정치적 환경 등 외부적 요인들을 충분히 감안해 정책 추진에 가장 적절한 타이밍을 잡는 일이 오늘날 지도자의 중요한 역할이 되었습니다.

정약용 ㅣ 일을 제때 하는 것도 중요하지만 불필요하게 낭비하는 시간을 줄이는 것도 항상 염두에 둬야 합니다. 행정을 함에 있어 법적, 정치적 절차가 항상 필요하므로 이를 무시하거나 뛰어넘을 순 없지만 잘 관리하면 정책 추진에 드는 시간을 크게 줄일 수 있습니다. 이는 성과를 제때 내기 위한 방안이라고 할 수 있지요.

이진훈 ㅣ 저는 시간을 절약하기 위해 필요한 절차를 동시에 이행하거나 사전에 일부를 이행하기도 합니다. 일이 진행되어 가는 과정을 훤하게 꿰뚫고 있어야만 가능한 일이지요. 내년에 해야 할 건설공사가 있다면 올해 추경예산으로 설계를 미리 진행함으로써 이듬해 예산을 남기지 않고 공사를 진척시켜 일의 속도를 내는 식입니다. 기술적인 부분에서 작은 차이라도 누적되면 엄청난 차이가 나게 됩니다.

예상되는 민원이 있다면 설계 단계에서 미리 설명회 같은 과정을 거침으로써 공사가 시작되고 나면 중단되는 일이 없도록 해야 합니다. 정책 구상이나 타당성 검토 등을 비용이 좀 들더라도 사전에 미리 해 두는 것도 좋은 방법입니다. 정책의 품질을 높여 결과적으로 낭비를 줄일 뿐만 아니라 중앙정부 사업에 반영도 쉬워집니다. 정책 수행이 그만큼 빨라지고 성과를 높이는 길이겠지요.

일이 진행되고 있는 과정에서 난관에 봉착하는 경우도 있습니다. 이럴 때는 문제의 핵심을 정확하게 판단하고 해결점을 빨리 찾아내는 것이 중요합니다. 신속한 정보와 중지를 모으는 팀워크가 가동되어야 시간 낭비를 줄일 수 있지요.

정약용 ｜ 정책 추진에 적절한 시기를 결정하는 데 있어서 거시적 안목이 필요하다고 하셨는데요, 시대적 상황과 요구를 반영하고 시의적절한 정책을 찾아내는 게 정말 중요합니다. 조선 후기에 이용후생의 사상과 노력이 필요했다면 지금 시대에는 또 거기에 맞는 정책들이 요구되겠지요.

이진훈 ｜ 산업화 시대에 필요한 정책이 산업단지를 조성하고 고속도로를 건설하고 새마을운동을 추진하는 것이었다면 민주화 시대에는 시민 참여를 높이고 인권과 환경 등을 중시해야 했지요. 문화가 중요해지고 IT를 바탕으로 한 국제적 경쟁력이 요구되는 세계화, 정보화 시대에는 거기에 맞는 정책들이 필요합니다.

하천 정비를 하더라도 단순히 재난 예방을 위한 게 아니라 환경적, 문화적 요소를 가미해야 오늘날의 시대정신에 맞는 것이지요. 고수부지를 따라 산책로나 자전거도로를 내고 징검다리를 만들고 문화적 자원과 연계하여 벽화나 시비도 만들어볼 수 있습니다. 범어천 정비공사를 하면서 하천변에서 학창시절을 보낸 정호승 시인의 '수선화에게' 시비를 세운 것도 그런 차원이지요.

IT가 대세가 되고 공장 자동화가 급속하게 진행되면서 고용이 급격히 줄어들고 있습니다. 4차 산업혁명 시대에 걸맞은 제조업 분야 고용정책을 세우고 서비스산업의 볼륨을 키우는 한편 사회적경제에도 눈을 돌려 고용률을 높여가야 할 때입니다. 고학력시대 여성인력의 사회적 진출을 활발하게 진행해야 보람과 행복을 추구하는 여성들을 만족시킬 수 있습니다. 수성구에서 여성친화도시를 추진하고 여성새로일하기센터를 만들어 경력단절 여성들의 고용에 힘쓰는 것도 이러한 추세에 맞춘 것입니다.

기업도 기술 발전의 추세나 트렌드의 변화를 따라잡지 못하면 낭패를 볼 수 있습니다. 필름사진 시대의 최강자였던

코닥필름이 디지털시대의 도래에 신속하게 대응하지 못하고 혁신을 거부하다 결국 파산지경에 이른 사실이 좋은 사례인데요, 이제 그와 같은 일은 산업의 모든 분야, 세계 곳곳에서 일상이 되었다고 할 수 있을 정도입니다. 기업 경영의 논리가 도입되고 있는 행정에서도 이런 양상은 점차 나타나고 있습니다.

포퓰리즘과 집단오류
|
한 번 더 생각해야 한다

정약용 시대정신을 따른다는 것은 지도자에게 대단히 중
요한 덕목이겠지만 시대 상황에 따라 달라지는 개인들의
요구를 무작정 받아들이는 일은 피해야 합니다. 앞서서 이
끄는 사람이 바른 길을 보지 못하고 뒤에서 떠드는 목소리
에만 귀를 기울이다가는 엄청난 실패를 가져올 수 있습니
다. 백성들의 신뢰와 지지는 필수적이지만 인기에만 매달
린다면 잘못된 결과를 가져오기 십상이지요.

이진훈 오늘날과 같이 국가 지도자부터 기초자치단체장
까지 선거를 통해 뽑는 시대에는 인기에 영합하는 이른바
포퓰리즘이 성행할 우려가 큽니다. 잘못된 선거 문화의 병

폐라고 할 수 있는데 폐해가 이만저만이 아니지요. 복지 관련 정책이나 공약들이 대표적입니다.

반값 등록금이나 전면적 학생 무상급식처럼 막대한 재정이 수반되는 복지정책은 증세를 통한 재원 확보 대책이 함께 검토되지 않으면 불가능한 일입니다. 그런데도 달콤한 복지 확대를 내세워 인기에 영합하려는 데서 문제가 발생합니다. 보편적 복지정책으로 더 많은 대중으로부터 지지를 얻고 싶어 무리하게 되면 증세에 대한 조세 저항에 부딪히거나 해야 할 일을 하지 못하여 정책 서비스의 질을 떨어뜨리는 결과를 초래하게 되지요. 오세훈 서울시장이 전면적 학생 무상급식 시행을 주민투표에 붙여 패배하게 되자 복지정책의 포퓰리즘 경향이 커지게 되었습니다. 민주주의가 당면한 위기의 한 측면이라고 할 수 있습니다.

정약용 | 참 심각한 일이군요. 왕조시대에는 생각하기 힘든 일입니다만, 주민들의 선거를 통해 리더를 뽑는다는 좋은 제도의 이면에 그런 폐해가 숨어 있다면 마땅히 경계해야겠군요. 대중들의 요구를 무분별하게 정책으로 수용한다면 불필요하게 예산이 낭비되거나 정책 혼선을 빚는 경우가 허다하겠습니다.

이진훈 | 주민들의 요구에 따라 만든 시설이 이용자가 없

어 방치된다거나 막대한 예산이 투입된 사업이 별 성과를 거두지 못하는 사례는 곳곳에서 볼 수 있습니다. 수요 예측이나 효과 분석을 잘하지 못해서 빚어지는 일일 수도 있지만 상당수는 일단 인기에 영합하고 보자는 정책 결정자의 안이한 사고가 초래한 결과지요.

대중들은 우선 자기에게 유리한 혜택에 마음이 끌리게 되어 있습니다. 소득 수준에 비추어 적절한지, 형평성에 맞는지, 조세 부담 문제는 없는지 등을 따져서 판단하기가 어렵습니다. 정책이 가져올 결과까지도 책임지겠다는 지도자의 자세가 아쉽습니다.

정약용 | 과거에는 임금이나 수령이 잘못된 결정을 내려도 그 권위에 눌려 정책을 수행하는 경우가 많았는데, 오늘날에는 어떠한가요?

이진훈 | 지시적인 리더십에서 흔히 발생합니다. 리더의 잘못된 결정을 집단이 수용해서 빚어지는 집단사고(Group Thinking) 오류는 오늘날에도 여전히 존재합니다. 정책결정 과정에서 중요한 요소를 빠뜨리거나 잘못 판단하거나 아무도 생각하지 못해 오류에 빠지는 일이 많지요. 일방적이고 권위적인 리더십 때문이기도 하지만 조직이 심한 스트레스 상태에 빠져 있거나 전문성이 부족하기 때문이기도 합

니다.

권위적 리더십은 토론 환경을 허용하지 않아 반대 의견을 차단한 채 리더의 일방적 결정을 따르도록 만들어서 최악의 의사결정 오류에 이르게 되지요. 최종 결정을 내리기 전에 외부 전문가의 의견을 듣거나 반대 논리에 서서 한 번더 생각해 보는 습관이 필요합니다. 자유로운 토론이 이루어지도록 하고 때로는 의도적으로 자기 의견과 반대되는의견을 제시하여 반응을 살펴보는 것도 오류를 막는 지혜입니다.

지나고 보면 당연한 사실이 당시에는 전문성 부족으로 집단오류에 빠지는 경우도 있습니다. 제가 대구시 경제국장이던 시절 EXCO에 대한 감사원의 감사를 받을 때 일입니다. 대구시의 주식 지분이 50%가 넘으면 공기업이어야 하는데 EXCO는 주식회사이니 잘못됐다며 대구시 지분을 소각하라고 지적받았습니다. EXCO의 특성상 배당이나 주식가격 면에서는 거의 가치가 없는 상태였으므로 일정 지분을 소각해 민간의 지분 비율을 높였습니다. 그런데 다른 감사에서 주식 소각은 민간 주주들의 주식가치를 높여주게되므로 잘못된 결정이라고 지적받아 징계를 받아야 하는 상황에 몰렸고, 결국 원래의 상태로 회복하고 말았습니다.

각각의 지적은 일방에서 보면 일리가 있었지만 전문성이 부족해 다른 측면을 따져보지 못했고 실익이 없는 공론空論만 좇은 결과가 되고 말았습니다. 돌이켜 보면 회계 전문가의 자문을 받지 않고 진행한 것이 큰 실수를 한 원인이 아닌가 반성하게 됩니다.

정약용 | 저는 두륜산의 만일암 중수기重修記에서 사람들의 어리석음을 꼬집은 적이 있습니다. 열흘 만에 버리는 고치를 만들기 위해 창자를 토해 실을 뽑는 누에, 여섯 달 살다 떠날 집을 짓자고 침을 뱉어 진흙을 만드는 제비, 일 년 살고 버리는 집 지을 재료로 주둥이가 헐도록 띠풀을 물어오는 까치 같은 미물들을 보면서 사람들은 헛된 수고를 비웃지요. 하지만 몇 백 년 가리라 기대하며 사람들이 화려하게 짓는 정자와 누각도 어느새 폐허가 되기는 마찬가지입니다. 사람들의 생각이란 것이 이처럼 눈에 보이는 데만 쏠리기 쉬우니 일을 할 때는 누구를 위해 무엇을 어떻게 해야 할지를 객관적으로 따져보고 신중하게 결정해야 할 것입니다.

포기하는 용기와 매몰비용
배보다 더 큰 배꼽은 아깝지 않다

이진훈　　정책을 추진하다 보면 도중에 잘못된 결정이었다는 생각이 들 때가 있습니다. 이 경우 결정권자의 입장에서는 계속 밀어붙일 것인가 포기하고 되돌릴 것인가 양단간에 결단을 내려야 합니다. 사람이 하는 일이다 보니 이러한 상황은 시대를 불문하고 생길 수밖에 없다고 봅니다.

정약용　　지도자의 자리에 있는 사람일수록 자신의 잘못된 결정을 인정하기가 쉽지 않지요. 자신의 권위에 흠이 가는 결단을 내리기가 어려울 뿐만 아니라 설사 잘못된 부분이 있다고 해도 끝까지 밀어붙여 어떤 식으로든 결과를 내면 잘못이 덮이겠지 하는 생각에 빠지기 쉽습니다. 항상 주위

의견에 귀를 기울이고 자신의 판단을 되돌아보는 겸허함을 가져야 할 것입니다.

　과거 한지韓祉가 감사로 있을 때 막료들이 아침인사를 오면 "내가 어제 한 일 가운데 무슨 허물이 있었는가?" 하고 물었다고 합니다. 막료들이 "없습니다"라고 대답하면 그는 "세 사람이 길을 함께 가는 데도 반드시 내 스승이 있다고 하였거늘, 10여 명의 의견이 어찌 반드시 내 의견과 똑같을 것인가? 그대들이 말해서 옳다면 좋을 것이요, 그르다면 서로 토론하여 깨우치는 바가 없지 않을 것이다."라고 정색해서 말했습니다. 날마다 이같이 묻고 막료들의 말이 옳으면 비록 대단히 중요하여 고치기 어려운 일일지라도 기꺼이 자신의 생각을 버리고 그에 따랐다고 합니다. '천하의 일을 한 사람이 다 할 수는 없다.' 는 말이 실감 나지 않으십니까?

이진훈 ｜ 잘못된 일을 되돌리는 것 자체도 어렵지만 그때까지 투입된 자원이나 예산 등 이른바 매몰비용을 포기하는 결정도 쉽지 않은 일입니다. 진행 중인 일이라고 해도 필요성이나 실현가능성, 경제성 등을 따져서 안 하기로 결정하려면 리더로서는 매몰비용을 고민하지 않을 수 없지요. 포기하는 데도 용기가 필요한 것입니다.

　파리와 뉴욕 간 비행시간을 종전 7시간에서 3시간대로 단축해 대단한 관심을 모았던 콩코드(Concorde) 비행기에 대한 가망 없는 투자는 음미할 만한 사례입니다. 프랑스와 영국이 1969년부터 합작 투자한 콩코드는 1976년 상업 비행을 시작했지만 기존 비행기보다 2배 이상 속도를 내기 위해서는 높은 생산비와 기체 결함 등 여러 문제가 있었습니다. 시간이 가도 전망은 밝아지지 않았지만 기존 투자가 아까워 무려 190억 달러를 퍼붓고 결국 2003년에 가서야 운항을 중지했습니다.

정약용 ㅣ 잘못을 알고도 포기하지 못해 엄청난 손실을 보고 말았군요. 그만큼 포기가 쉽지 않다는 의미일 것입니다. 포기에 따른 책임 문제도 결정을 주저하게 만드는 요소일 테고요.

이진훈 ㅣ 제가 대구시 환경녹지국장으로 있을 때의 일입니다. 택지개발사업을 하는데 쓰레기 소각장은 필수시설로 설치하도록 계획되어 있었습니다. 공사는 턴키 방식으로 발주되어 이미 설계가 완료된 상황이었지요. 그런데 발암물질인 다이옥신이라는 유해물질이 스토카식 소각장에서 배출된다는 것이 이유가 되어 전국적으로 민원이 극심했고, 광주에서는 지어놓은 소각장을 가동도 하지 못하는 형편이었습니다.

시장님의 재검토 지시에 따라 근본적인 해결책을 모색하였습니다. 기존의 쓰레기 매립장을 확장한다면 해당 지역 쓰레기 처리를 대체할 수 있었고 잔여 공사비는 택지개발 주체로부터 현금으로 지급받을 수 있었습니다. 또 쓰레기 소각 기술이 다이옥신 배출이 없는 열분해식(스토카식에 비해 매우 비쌈)으로 바뀌어가고 있다는 점, 당해 토지는 다른 용도로 유익하게 쓸 수 있다는 점도 정책 변경을 가능하게 해 주었습니다.

다만 사업 중단으로 인한 감사를 걱정하는 직원들과 공사를 맡은 건설업체의 반발, 설계 용역비로 투입된 10억 원 정도의 매몰비용이 문제였지요. 결심에는 용기가 필요했으나 과단성 있게 결단을 내렸습니다. 자칫하면 가동하지도 못할 소각장을 지을지도 모를 일이었으니까요. 환경적 측면에서 매우 훌륭한 정책 판단이었고, 재정적으로도 득이 아니었나 생각됩니다.

정약용 ㅣ 잘못된 결정은 하루라도 빨리 바로잡는 게 손실을 줄이는 일이지요. 이미 투입된 자원이나 예산이 있다고 해도 잘못된 방향이라면 포기하고 옳은 방향으로 나아가는 것이 실사구시입니다.

이진훈 ㅣ 범어천 정비 사업은 선생의 말씀처럼 빠르게 바로잡아서 조기에 사업을 추진하고 효과를 본 경우라고 할 수 있습니다. 당초 설계는 범어천을 서울 청계천처럼 걷기 좋은 하천으로 만들기 위해 복토를 해서 수면을 높이도록 되어 있었습니다. 그런데 수면을 높이면 폭우 때 범람의 우려가 있어 별도의 배수 박스를 묻어야 하는데 그 예산만 300억 원이 필요했습니다. 범어천 정비사업 전체 예산이 150억 원이니 배보다 배꼽이 더 큰 공사지요.

청계천과 같은 환경 개선을 포기하는 것이 매우 아쉬웠지만 현실적으로 재정적 여건을 감안하여 복토를 하지 않고 환경을 좋게 하는 차선책을 선택했습니다. 산책은 어렵더라도 물을 맑게 해 최악이었던 악취를 없애고 경관을 좋게 만드는 방안이었습니다. 사전 투입된 예산이 많지 않은데다 오히려 복토 예산을 70억 원이나 줄여 경제성이나 효과 측면에서는 바른 선택이라는 평가를 받았습니다.

정약용 ｜ 좋은 방향으로 전환하여 효과를 보았다니 다행스러운 일입니다. 그 과정에서 정책 변경을 반대하고 본래의 설계를 고집하는 사람도 있었을 텐데요?

이진훈 ｜ 청계천처럼 만든다는 말에 많은 기대를 했던 주민들은 이의를 제기하고 설명을 요구했으며, 하천 모양이 박스식으로 좁아 산책하기에 만족스럽지 못한 여건인데도 산책로를 내어달라고 강하게 주장했습니다. 진정성 있는 답변과 함께 간이 산책로를 내는 선에서 이해가 되었습니다. 다행히 정치권과의 대화는 순조롭게 의견 일치가 되어 추진에 큰 애로는 없었습니다.

구 求
|
갈등을 푸는 열쇠

'구求'란 지극한 마음으로 최선을
다하는 것, 지식을 쌓고 지혜를 모
으고 용기 있게 나서는 것, 하루 24
시간 허투루 보내지 않고 고민하며
정성을 쏟아 결단하고 나아가는 마
음입니다.

경청과 중재
수성구의 솔루션은 민원배심제

이진훈　실사구시를 실천하는 리더가 갖추어야 할 역량으로 앞서 이야기를 나눈 결단 능력과 함께 갈등 해소 능력을 말씀드렸습니다. 개인 간 뿐만 아니라 지역 간, 세대 간 등 갈등의 양상과 범위가 복잡해진 오늘날에는 이를 풀어나가는 리더의 역량에 따라 발전 혹은 지체가 좌우되기도 합니다. 과거에도 어떤 형태든 갈등은 존재했겠지요?

정약용　사람이 모여 사는 곳에 늘 좋은 일, 아름다운 모습만 있을 수는 없겠지요. 과거에도 갈등은 다양하게 존재했고 정치적 갈등이 나라의 근간을 뒤흔든 경우도 잦았지요. 백성들 사이의 갈등도 크든 작든 끊이지 않았는데, 일단은 백성들의 이야기를 잘 들어 갈등의 원인을 찾는 일이 수령의 첫 번째 덕목이었습니다.

'가로막혀 통하지 못하면 민정民情이 그 때문에 답답하게 되는 것이니, 와서 호소하고 싶은 백성으로 하여금 부모의 집에 오는 것처럼 해주어야만 훌륭한 수령이라고 할 수 있다.'고 목민심서에서 이렇게 강조한 건 백성들이 권세 있는 자를 두려워하는 데다 법례法例를 잘 모르고 서당의 훈장이 소장을 대신 꾸며줄 정도이니 관아 뜰에 들어서면 긴장을 해서 벙어리가 되어 버리기 때문입니다. 호랑이를 피해 부모의 품을 찾아드는 어린아이와 같으니 마땅히 보듬고 이야기를 들어주어야 합니다. 경청하다 보면 어디서 갈등이 비롯됐는지 파악할 수 있지요.

이진훈 ㅣ 오늘날에도 리더의 경청하는 자세는 갈등을 풀어나가는 첫 번째 열쇠라고 할 수 있습니다. 과거에는 경청이 백성들을 보살피는 방편으로 생각됐다면 지금은 리더의 의무입니다. 특히 갈등의 당사자 간 이해관계가 복잡하게 얽히고 법적인 문제까지 중첩될 경우에는 양쪽의 이야기를 잘 들어 갈등의 원인을 분석해서 해결책을 찾는 일에 최선을 다해야 합니다. 반목하고 대립해서 사회적으로 불필요한 에너지의 낭비를 불러오는 일이 생긴다면 일차적으로는 리더에게 책임이 있다고 볼 수 있습니다.

　대구시 달성공원의 동물원 이전 입지와 관련하여 빚어진 수성구와 달성군 간의 갈등은 일어나지 않아도 될 일이 벌어졌다고 할 수 있습니다. 이미 오래 전에 수성구 대공원계획지구 내에 이전하도록 예정되어 있던 것을 갑자기 달성군 지역으로 이전해 간다고 하니 수성구 주민들, 특히 계획지구 내 편입 지주들이 가만히 있을 리가 없지요. 이해관계에 따라 반응하는 것은 당연한 일이니까요. 다른 곳으로 입지를 변경하려고 하면 당연히 기존 계획지구에 대한 개발 방안 제시가 선행되어야 했습니다. 그런 대책도 없이 이전 계획이 수정되자 양 지자체 간에 크게 충돌이 생겼고 결국 원점으로 돌아가고 말았지요.

정약용 ｜ 제가 목민심서에서 '무릇 소송에 있어서 급하게 달려와 고하는 자가 있으면, 그의 말을 얼른 믿지 말고 늦춰 처리하며 천천히 그 실상을 살펴야 한다.'고 밝힌 것도 그런 이유입니다. 갈등이 있을 때는 한쪽편의 말만 그대로 믿지 말고 양 당사자를 불러 공정하게 주장을 들어야 합니다.

이진훈 ｜ 양쪽의 이야기를 들어주는 것과 함께 대화를 중재하는 일도 리더에게 필요하다고 생각합니다. 선생께서 소송의 처리를 늦추라고 하신 데는 시간이 지나면 서로 간에 오해가 풀리거나 화가 가라앉아 원만하게 화해하는 경우가 많다는 의미도 담겨 있다고 생각합니다.

수성구청에서 운영하는 민원배심제는 민원과 갈등 해결에 큰 역할을 하고 있습니다. 생활환경 침해로 대립하는 당사자들이 출석하여 의견을 개진하고, 서로 대화하는 기회를 제공함으로써 상호 절충하고 화해하는 자리가 됩니다. 적어도 극한 대립으로는 발전하지 않게 하는 순기능을 하고 있지요. 이러한 중재의 자리를 사회적 시스템으로 만들어 제공하는 것도 사회적 갈등을 해소해야 하는 리더의 중요한 역할이라고 봅니다.

법치국가에서 원칙에 맞으면 당연히 개발행위가 허용되어야 한다고 주장할 수 있겠으나, 그로 인해 파생되는 갈등의 사회적 비용을 생각하면 중재 시스템을 마련하는 것이 지역사회의 안정을 위해 필요하다고 봅니다. 민원배심제를 거치면서 대화의 시간을 갖게 되고 상호 이견을 좁히는 역할도 합니다. 전문가 참여를 통해 대안을 찾아내기가 용이할 뿐만 아니라 중재 과정 없이 진행되어 당사자 간에 직접 부딪힐 때보다 오히려 시간이 절약된다고도 볼 수 있습니다.

대구시가 갈등관리심의위원회를 발족해 운영한다고 하지만 최대 현안인 달성공원 이전지 문제에도 적극 나서지 않고 있어 그 역할에 의문이 생깁니다. 문제를 끄집어내어 공론화하는 데서부터 해결점이 나올 수 있다고 보는데 당사자들의 주장을 들어보는 기회조차 갖지 않고 있습니다. 수성구에서 달성공원이 이전될 대공원 개발 방안을 제시해도 진지하게 논의하지 않고 덮어놓으려고만 하니 해결 기대는 난망할 따름입니다.

갈등의 요인
|
이해와 시비의 무게중심을 찾아야

정약용　정치적 갈등이야 어느 사회건 없을 수 없겠지만, 사회적 갈등은 인구가 늘어나고 사회가 복잡해진 오늘날 더욱 많아졌겠습니다. 대개 어떤 갈등이 많이 빚어지고 있는지 궁금한데요?

이진훈　사회적 갈등은 다양한 형태로 나타나지만 크게 보면 입지와 환경이라는 두 가지 범주에 포함되는 것이 많습니다. 입지 갈등이란 사람들에게 좋은 시설이나 장치들, 반대로 좋지 않은 것들을 어디에 둘 것이냐를 둘러싼 다툼을 말합니다.

　좋은 것은 환영하고(PIMFY), 좋지 않은 것은 거부(NIMBY)합니다. 어떤 시설이 오면 지역 개발에 도움이 되거나 환경이 나아지거나 가치가 올라간다고 생각해서 좋아하고, 그 반대가 된다고 생각하면 기피하지요. 이러한 현상은 이해를 함께하는 지역 사람들이 뭉쳐서 군중심리로 발전하게 되고, 지역 간 대결 양상이 심화되면서 지역감정, 지역정서로 정치화되는 경향이 있습니다.

가까이 오는 것을 달가워하지 않는 소위 혐오시설의 범위가 점점 넓어지고 있다는 점도 문제입니다. 과거에는 위험에 노출되거나 소음, 악취, 유해물질 배출 등 환경을 저해하는 시설 정도였으나 요즘은 장례식장처럼 정서적으로 영향을 준다거나 요양시설, 장애인시설도 주거 가치에 부정적 영향을 미친다는 이유로 입지를 허락하지 않고 있는 실정입니다. 도시화된 현대사회에서 어디엔가는 입지할 수밖에 없다는 것을 이성적으로는 받아들이면서도 막상 자기 이해관계에 직면하게 되면 반대 입장으로 돌아서 버립니다.

정약용 ㅣ 중요한 시설들을 관에서 일방적으로 결정하던 과거에 비하면 참으로 해결이 어려운 문제군요. 수령이 입지를 잘못 정해 비난을 받는 경우야 있었지만 주민들이 반대하고 갈등이 생긴다면 심각하겠습니다. 갈등을 풀어내는 리더의 능력이 중요하다는 말씀이 참으로 와 닿습니다.

이진훈 ┃ 입지 갈등보다 더 빈번하게 발생하는 환경을 둘러싼 갈등은 건축이나 구조물 등 기존 환경이 변화하는 데서 비롯된 갈등을 말합니다. 조망이나 일조권 침해, 소음, 진동, 악취 등을 불러일으키는 환경 변화로 인한 갈등이 가장 흔하게 발생합니다.

이미 들어서 있는 건축물 소유자나 사용자 입장에서는 기왕에 누려왔던 환경적 혜택과 평온한 상태가 침해된다고 생각하고, 반면에 새로이 건축하고자 하는 사람은 도시계획상 보장된 권리라고 생각하지요. 환경 규제를 통해 일정한 기준을 정하여 관리하고 있지만 재산권 행사와 환경권 보장 사이에서 갈등을 조정해야 하는 책임은 결국 지자체와 단체장에게 있습니다.

요즘 주민들에게 민감한 건강 관련 환경도 단골로 등장하는 갈등 사례입니다. 질병이나 전염병과 관련된 시설, 장례식장이나 요양시설 등이 주변에 들어오는 데 대한 반발이지요. 소득 수준이 높아지고 수명이 연장되면서 이런 현상이 늘어나고 있습니다. 사스나 메르스처럼 국경을 넘어 전염병이 퍼지고 있는 사태에 놀라 일반 병원이나 환자 수용시설에 대해서까지 민감하게 반응하고 있습니다. 이러한 추세에 맞추어 즉각 법규에 반영하기는 쉽지 않고 과학적 근거를 마련하는데도 시간이 걸리지요. 게다가 재산적 가치를 우려하여 반대하는 경향도 없지 않습니다.

과거에는 거의 없었겠지만 교통과 관련된 환경 갈등도 많이 생깁니다. 주차장이나 진출입로, 교통시설 설치 등을 두고 주민들 사이에 밀고 당기는 힘겨루기가 흔히 벌어지지요. 건축물이 늘어나면 교통량도 늘어나므로 기존에 살고 있던 사람들은 건물 신축이 곧 교통사고나 통행지체를 불러일으킨다고 생각합니다. 교통영향을 평가하는 절차가 있지만 공정한 평가라고 믿으려 하지 않는 게 문제입니다. 도로를 넓히라고 요구하고 진출입로를 변경하거나 주차장을 늘릴 것을 요구하기도 합니다.

정약용 ㅣ 역시 과거에는 생각하지도 못했던 유형의 갈등들이 많이 생기는군요. 인구가 많지 않아 주거나 교통, 건강 등과 관련된 환경에 큰 다툼이 생길 이유가 없었던 예전에 비해 갈등의 요인이 복잡해진 만큼 이를 잘 파악할 수 있는 리더의 역량이 필요하겠습니다.

이진훈 ㅣ 입지 문제든 환경 문제든 절대 불가한 요소가 있는지를 파악하는 게 중요합니다. 그 다음은 갈등 요인을 줄이기 위한 중재가 필요하지요. 시설의 용도나 건축물의 구조를 바꾸든지 규모 자체를 조정할 수도 있고, 재산적 피해를 금전적 가치로 환산하여 보상의 형태로 절충하기도 합니다.

정약용 ㅣ 저는 아들에게 보낸 편지에서 천하에 두 가지 큰 저울이 있다고 일러준 적이 있습니다. 하나는 시비是非 즉 옳고 그름의 저울이고, 하나는 이해利害 즉 이로움과 해로움의 저울입니다. 이 두 가지 저울에서 네 가지 큰 등급이 생겨나니 옳은 것을 지켜 이로움을 얻는 것이 가장 으뜸이고, 그 다음은 옳은 것을 지키다가 해로움을 입는 것, 그 다음은 그릇됨을 따라가서 이로움을 얻는 것이며, 가장 낮은 것은 그릇됨을 따르다가 해로움을 불러들이는 것입니다. 목민관이 정책을 집행할 때는 물론 주민들 간 갈등을 조정하고 중재할 때도 음미해서 따를 만한 이야기라고 생각됩니다.

이진훈 ㅣ 그렇습니다. 복잡한 사회에서 옳고 그름이나 이해관계를 분명히 따지기는 힘들겠지만 바람직한 리더라면 마땅히 그에 대한 고민을 놓지 말아야 할 것입니다.

입지 다툼
님비를 핌비로 바꿀 발상의 전환 필요

이진훈　　사회적 갈등을 규모 측면에서 보면 환경 갈등은 개인 간에 생기는 경우가 많은데 입지 갈등은 대개 지역 단위로 나타납니다. 국가적, 지역적으로 반드시 필요한 시설이나 장치들은 어딘가에는 설치해야 하기 때문에 갈등이 불가피해졌습니다. 민주주의, 자본주의 체제인 만큼 의사 표현이 자유화되고 재산권 보호에 민감하게 반응하는 사회가 되었으니까요.

정약용　　과거에는 국가에 반드시 필요한 시설이라야 관청이나 군사시설 정도 뿐 많지 않았습니다. 그러한 시설들은 적당한 공지를 찾아 지으면 되었고 꼭 필요하면 농지에도 지었습니다만 관에서 하는 일에 대한 반발이 사실상 불가능한 시대여서 갈등이 생길 여지도 없었다고 볼 수 있습니다. 또한 그런 시설들이 주위에 있건 없건 백성들의 생활에도 별다른 영향은 미치지 않았지요.

이진훈 ㅣ 오늘날에는 국가나 지역 단위 필수 인프라들이 어디에 입지하느냐에 따라 인근 지역에 막대한 영향을 미치는 경우가 많습니다. 시설의 종류와 유형에 따라 지역 발전에 큰 도움이 되기도 하고, 반대로 지역에 좋지 않은 이미지를 가져오거나 환경이 나빠지기도 하지요. 때문에 시설 입지에 따른 유리함과 불리함을 따져서 유치에 적극 나서거나 결사적으로 반대하는 극단적인 양상을 띠고 있습니다.

자기 지역에 오면 좋은 시설, 특히 경제적으로 도움이 되는 산업단지나 문화관광, 스포츠, 교통 인프라 등에 대해서는 서로 유치하기 위해 지역 간 경쟁을 벌이는 경우가 허다합니다.

영남권 신공항 건설 입지를 두고 대구를 비롯한 4개 시도와 부산이 극단적으로 대립하여 자기 지역에 유리한 곳에 유치하고자 한 것도 결국은 지역 경쟁력을 제고하고자 하는 도시 간의 경쟁이었다고 할 수 있지요. 이해관계가 얽힌

5개 시도가 합의하여 외국 용역기관에 입지 선정을 맡기기에 이르렀고, 결론이 났는데도 검증을 요구하여 불복하는 사태까지 가고 말았습니다. 갈등 관리는 이제 정부가 해야 하는 필수적인 역할이 되었습니다.

천안아산역, 김천구미역처럼 서로 KTX 역세권 도시가 되고자 하는 경쟁에 따라 두 도시 이름이 동시에 들어가는 역명이 나타나기도 합니다. 대구만 해도 KTX 동대구역으로 대구 중심역이 옮겨감에 따라 서대구지역에서 서대구역 설치를 강력하게 추진하고 있는 것도 입지에 따른 이익을 누리고자 하는 지역적 노력으로 볼 수 있습니다.

정약용 ┃ 예전에도 관아가 주위에 있으면 아무래도 범죄가 드물기 때문에 들어오는 걸 반기는 경우가 있었고, 저수지를 만들 때 자기 논밭이 주위에 있으면 편리하기 때문에 좋아하기도 했습니다. 그렇다고 서로 내 쪽으로 만들어 달라고 나서서 요구하지는 않았지요. 반대로 주위에 와서 나쁜 시설이라도 굳이 반대하는 경우도 많지 않았습니다. 유치에 적극적이라면 반대도 적극적이겠군요.

이진훈 ┃ 도움이 되는 시설 유치에 적극 나서는 핌피에 비해 유해 시설에 반대하는 님비 현상이 더 심한 경향을 보입니다. 혐오시설이나 위험시설, 환경이나 정서적으로 해

롭다고 생각하는 시설이 자기 지역에 들어오는 걸 극단적으로 반대하는 사례는 갈수록 늘어 조금만 문제가 있는 시설이라면 무조건 반대하는 집단이기주의가 심각한 상황입니다.

사실 도시의 기능이 제대로 발휘되려면 산업단지가 있어야 하고 폐기물이나 하수, 폐수 처리시설 설치가 불가피합니다. 화장장, 장례식장 등도 있어야 하고요. 남북이 대치하고 있는 상황에서 군사시설도 반드시 있어야 합니다. 그러나 주변 지역에 거주하는 주민들은 이를 반대합니다. K2 공군기지 이전이 대구시의 최대 현안이 된 것은 주변 지역 주민들이 전투비행단의 운영에 따른 비행 소음 문제 해결을 강력하게 요구하는데 따른 것입니다.

최근에는 노인복지시설, 장애인 관련 시설에까지 반대하고 나서고 있어 문제입니다. 지역 단위 반대 형태로 서명을 하여 집단 의사표시를 하기도 합니다. 몇 사람의 이해관계 주민이 강력한 의사를 표시하고, 군중심리도 겹쳐서 집단이기주의로 발전하는 경향이 있습니다.

정약용 | 어떤 시설이 한 지역에 나쁜 영향을 미친다고 해도 다른 지역에는 꼭 그렇지 않은 경우도 있을 텐데요. 예전 같으면 마을에 군사시설이 생기면 별 도움이 안 됐지만

산이나 바닷가 등에 들어오면 이와 관련된 주막이나 여각 같이 민간시설이 들어올 여지가 있기 때문에 오히려 반기는 경우가 있었지요. 요즘도 그렇지 않은가요?

이진훈 ｜ 그러한 경우라면 입지를 둘러싼 갈등이 생길 여지가 없다고 봐야겠지요. 오늘날에도 종합적으로 보아 이익이 되는 경우라면 문제는 없습니다. 그런데 같은 시설이라도 한쪽은 싫어하는데 다른 쪽은 오히려 찬성하는 경우도 생기고 있습니다. 예를 들어 범죄자를 유치하는 교도소에 대해 달성군은 반대가 심하지만 청송군은 반기고 있습니다.

이미 4개의 교정시설이 있는 청송군은 '교도소를 더 지어 달라'는 운동까지 벌였습니다. 과거에는 청송교도소란 명칭 자체를 부끄러워했는데 이제는 교정시설을 더 유치해 아예 전국 최고의 '교정도시'를 만들겠다는 발상을 한 것이죠. 이는 교도소의 존재가 지역경제 활성화에 큰 역할을 하기 때문입니다. 교정시설 직원들 덕분에 농촌학교에 학생이 줄지 않고 가게와 음식점도 활기를 띠다 보니 교정시설 추가 유치에 한술 더 떠 교도소 체험관 건립, 가칭 도둑놈 축제 같이 관광 활성화에까지 나서고 있습니다. 국가적, 지역적으로 반드시 필요한 시설이라면 무조건 반대만 할

게 아니라 유치 인센티브를 챙기면서 이러한 역발상까지 함으로써 지역 발전에 도움이 된다는 사실을 주민들에게 이해시키는 방향으로 가는 것이 합리적이라고 봅니다.

지역 간 이해대립과 지역정서
상위기관이 할 일 하라

정약용 자기 지역에 유치해서 좋은 시설이든 나쁜 시설이든 유치 경쟁이나 반대 투쟁으로 진행되는 경우가 일반적이겠지만, 한 지역의 시설 유치가 다른 지역에 악영향을 미치는 경우도 있을 텐데 그럴 경우 갈등이 상당히 심각할 것 같습니다. 유치한 지역에는 도움이 되는데 인근 지역에 좋지 않은 영향을 미친다면 지역 간에 큰 다툼이 생길 수밖에 없지 않을까요?

이진훈 대형 시설이나 산업단지 같은 경우 그런 갈등이 종종 일어납니다. 대구가 위천공단을 조성하려 했을 때 부산과 경남이 극렬하게 반대한 경우가 대표적인 사례라고 할 수 있지요. 대구시는 경제 활성화를 주장한 반면 부산시와 경남도는 먹는 물 문제를 제기하여 이해 대립 양상이 벌어졌습니다.

양자의 주장은 자기 지역 입장에서는 모두 타당하다고 볼 수 있어 타협이 매우 어려웠습니다. 행정기관에서 시작된 대립에 지역의 언론과 시민단체까지 가세하면서 여론화되고 지역감정으로 비화돼 정치적 문제까지 일으키는 최악의 상황으로 치달았습니다. 급기야 정부 차원에서 중재에 나서 낙동강 물 이용에 대해 유역 행정기관 간 협의가 이루어졌습니다. 당장의 위천공단 조성은 백지화됐지만 장래 산업단지 조성의 룰을 마련하는 결과로 이어졌지요.

정약용 ㅣ 그 정도 상황이 벌어졌다면 양쪽 지역 주민들 사이에 심각한 갈등의 골이 생겼겠군요. 대화를 통한 타협보다는 일방적인 주장을 하는 형태로 갈등이 진행됐다고 보이는데 그 지역의 리더나 여론주도층이 정치적으로 활용한 측면도 있다고 볼 수 있겠습니다. 상호 간에 충분한 협의 과정을 통해 원만히 해결할 수도 있었을 텐데 말입니다.

이진훈 ㅣ 주민들의 투표로 선출되는 국회의원, 지방자치단체장들의 정치적 이해관계가 문제 해결에 걸림돌이 되는 경우가 더 많아졌습니다. 합리적인 해결 방안을 찾기보다는 정치적 유·불리를 따져서 자기 지역의 이해관계에 영합하려는 경향이 심화되고 있습니다. 문제를 풀어가야 할 리더들이 오히려 문제를 더 꼬이게 하는 역할을 하니 지방자치의 역효과가 적나라하게 나타나고 있다고 할 수 있지요.

정약용 ㅣ 지역 간에 이해관계가 극명하게 갈리는 경우에는 객관적으로 합리적인 대책을 찾아내는 방안과 제3자에 의한 중재 필요성이 제기되겠군요. 그러한 방향으로 문제를 풀 수밖에 없어 보입니다.

이진훈 ㅣ 그렇습니다. 이해 당사자가 합의한다면 객관적인 연구용역 같은 방법을 통해 답을 찾아낼 수도 있습니다. 상급기관의 공정한 중재 노력이 있으면 더욱 실효성이 보장될 수 있겠지요. 영남권 신공항 사태에서 보듯이 5개 시도가 합의하에 정부가 프랑스 용역기관에 입지 선정을 맡겼는데도 불복하는 사태가 벌어진 걸 보면 갈등 관리는 매우 신중하게 이루어져야 깔끔하게 매듭지어질 수 있다고 봅니다. 중재에 나서는 타이밍, 성실성, 정보 유통, 정치적 개입 금지 등 모든 요소에서 문제가 없어야 지역정서화하는 일을 막고 결과에 대해 이해관계자들이 승복할 수 있겠지요.

대구의 취수원 이전 문제 같은 경우에는 대구시와 구미시 간에 이해 대립이 심각한 수준으로 발전했습니다. 정부 차

원의 중재와 합리적 대안 제시를 통한 타협이 이루어져야
하는데, 양 도시 리더들의 대승적 자세와 노력이 무엇보다
중요합니다.

환경권 주장과 재산권 침해
최대행복은 반드시 있다

정약용　인구가 늘면서 생활환경을 둘러싼 개인 간의 갈등이 늘어나고 복잡해진다고 했는데 법이나 규정을 통해 그러한 갈등을 줄이거나 쉽게 해결할 수 있지 않나요? 과거보다 주민들이 더 많이 배워 법과 규정을 더 잘 알 테고 자신의 권리가 무한정 보장되지 않는다는 사실을 알 텐데 말입니다.

이진훈　환경과 관련된 갈등은 사람들의 권리 의식이 높아지고 환경권에 대한 인식이 커지면서 오히려 더 많이 발생하고 있습니다. 사회가 복잡해진 만큼 법과 규정도 그에 맞추어 정비되고 있지만 갈등이 법과 규정대로만 해결되는 건 아니어서 문제가 생기는 거지요. 법적인 조정이나 보상은 아무래도 엄격하기 때문에 당하는 사람의 입장에서는 고통과 손실을 감내해야 하는 경우가 많습니다. 결국 어쩔 수 없이 참거나 극단적으로 대립하는 형태로 나눠지게 됩니다.

예를 들어 자신이 살고 있는 집 근처에 새로운 건물이 들어설 경우 이로 인한 조망권이나 일조권 침해와 재산 가치 하락을 걱정해야 할 뿐만 아니라 건축 과정에서 생기는 소음, 진동 등으로 인한 고통도 겪게 됩니다. 허가를 얻어 건물을 짓는 건축주 입장에서는 법과 규정에 따른 행위에 대해 인근 주민이 반발하면 오히려 자신의 정당한 권리를 행사하지 못한다는 불만을 가질 수 있습니다. 합법적인 상황에서도 갈등이 불거질 여지가 큰 것이지요.

갈등이 있다고 해서 무조건 보상이나 조정 절차가 열리는 건 아닙니다. 실제 피해가 없는데 억지 주장을 한다고 해서 보상해 준다면 정당성이 없습니다. 민주사회에서는 합법적인 사안에 대해서는 참아야 할 의무도 있는데, 도를 넘어선 주장을 한다고 무작정 들어줄 순 없으니까요.

정약용 ㅣ 권리의식의 향상과 환경권에 대한 인식이 커지면 목소리도 커지고 주장도 늘어날 텐데, 그에 대한 대응도 세밀하고 엄격하겠군요?

이진훈 ｜ 건축물의 높이, 방향, 이격거리 등 건축 관련 제한은 법규에 세세히 정해져 있지만 사생활 침해나 진출입 경로, 입구의 위치 같은 교통 문제도 자주 갈등 대상이 됩니다. 이는 행복추구권, 재산권 침해와도 연결되므로 당사자 간에 조정과 중재를 통해 적정선에서 타협하게 됩니다. 그 적정선을 찾는 것이 문제이지요.

정약용 ｜ 하지만 상대방이 억지 주장을 해서 갈등을 일으키면 일을 계속 추진하기가 아무래도 힘이 들 텐데요. 관련 기관에서도 가만히 있을 수는 없으니 조사나 청문 절차를 가져야 할 것이고요. 건축주로서는 참 곤란한 상황이겠습니다.

이진훈 ｜ 결국은 건축주가 선택지를 받아들게 됩니다. 합법성을 주장하면서 갈등 상황을 돌파하고 계획대로 추진하느냐, 상대방에게 적절한 보상을 해 주느냐 하는 선택인데요. 정면으로 부딪히면 상대방의 항의든 관공서의 조사든 걸림돌이 생길 수밖에 없으니 시간이 지체될 수밖에 없습니다. 보상은 안 해줄 수 있어도 빨리 일을 하기가 어렵게 됩니다. 이런 결과를 우려해 일부 보상을 해주거나 타협점을 찾는다면 다소 억울하더라도 일은 빨리 해낼 수 있겠지요.

정약용 ㅣ 개인 간에 이런 갈등이 자주 발생한다면 사회적으로 봐서는 큰 손실일 텐데요. 제도적인 보완이 필요해 보입니다만.

이진훈 ㅣ 앞서 말씀드렸듯이 수성구청에서는 이러한 갈등에 대응하는 민원배심제를 운영하고 있습니다. 갈등의 양 당사자를 불러 상호 의견 개진과 조언, 조정과 절충을 통해 원만한 합의를 이끌어 냄으로써 공동체의 평온을 유지하기 위해 만든 제도인데 상당한 성과를 거두고 있습니다.

전문가들의 의견이 반영되다 보니 건축의 경우 층을 낮추거나 방향을 조금 틀거나 구조 변경, 위치 변경 등 합의를 위한 세부적인 변화가 많이 생깁니다. 분야별로 전문가들이 다양한 기법을 조언하기 때문에 당사자끼리의 대화보다는 합의를 도출하기가 한결 쉽습니다.

정약용 ㅣ 공동체를 위해서는 좋은 제도로 보이는데 합법적으로 일을 추진하는 쪽에서 보면 손실로 인식되거나 일종의 규제로 작용할 수도 있겠습니다. 법에 따라 일을 하는데 왜 이런 절차를 거쳐야 하느냐는 불만이 생길 수 있겠는데요.

이진훈 ㅣ 중앙부처에서도 민원배심제에 대해서는 찬반이 엇갈리고 있습니다. 민원배심제가 오히려 민원을 키우고 규제가 된다고 폐지하라는 부처가 있는가 하면, 폐지할 경우 최소한의 법적 기준만 지키게 돼 공동체로 봐서는 피해가 커질 수밖에 없다며 적극 활용하라는 부처도 있습니다.

이 때문에 민원배심제를 폐지한 지방자치단체도 많이 있습니다만 수성구청은 계속 유지할 계획입니다. 법규에 의해 보장된 권리이니 100% 온전하게 누리겠다고 하면 민원인의 입장에서는 억울하다고 주장하게 됩니다. 민주주의 사회에서 개인의 권리는 타인의 권리를 존중하는 가운데 유지되어야 하고 공동체의 평온도 중요한 가치입니다. 효율성과 재산권만 강조하여 상대방의 행복과 재산적 침해를 용인하게 되면 자본주의의 부작용이 사회적 갈등의 형태로 드러납니다.

갈등을 줄이는 가운데 적절한 중재를 하는 방안으로 민원배심제를 평가해야 한다고 봅니다. 전문성을 통해 법으로 규제하기 힘든 세심한 조정 방안이 나오기도 하고, 운영 횟수가 늘어가면서 사례가 쌓여 노하우도 늘어가고 있습니다. 민원배심제가 주민들의 생활 만족도를 높이는데 기여하고 있다고 생각합니다.

지속가능개발 해법
|
원칙을 지켜야 멀리 갈 수 있어

정약용 말씀을 듣고 보니 오늘날 사회에서 일어나는 입지나 환경 갈등은 근원적으로 경제적인 문제를 배경으로 하고 있군요. 지역이든 개인이든 경제적으로, 재산적으로 가치를 키우거나 보존하려는 기대, 손해를 보지 않으려는 입장 때문에 갈등이 생기는 것 같습니다. 강제로 이를 해결하기는 쉽지 않을 텐데 어떻게 풀어나가는 것이 가장 합리적일까요?

이진훈 갈등이 일어나는 배경에 대개 경제적 요인이 있긴 하지만 사회적 인식이나 문제 해결 과정 등에서 갈등을 증폭시키는 요소들도 적지 않습니다. 특정한 갈등에 대해 개발이냐 보전이냐, 경제 발전이냐 환경이냐 같이 이분법적으로 나눌 수 있는 것은 아니지요. 상황에 따라 개발이 우선일 수도 있고 보전이 중요할 수도 있습니다. 시대적 요청, 주민들의 기대, 미래 가치나 효율성 등을 따져볼 필요도 있습니다. 무엇보다 갈등 해결에 나서는 리더가 원칙과 신념을 가지고 방법을 결정하되 시민들이 그 과정에 참여하여 이해하고 공감할 수 있도록 소통하려는 자세를 가져야 할 것입니다.

정약용 ㅣ 그렇다면 갈등 해결에 있어서는 어떤 가치를 중시해서 어떻게 중재할 것이냐의 가치 문제와 갈등 해소를 위한 방법적인 문제로 나눌 수 있겠습니다. 이 두 가지를 모두 충족시킬 수 있는 해법을 찾으려면 상당한 고심이 필요하겠습니다.

이진훈 ㅣ 저는 지금까지 크고 작은 정책을 수행하면서 이런 갈등 상황을 수없이 접했고 다양한 경험을 쌓았습니다. 특히 대구시 환경녹지국장으로 재직하면서 개발과 보전을 둘러싼 충돌들을 겪으면서 합리적 해결 방안 마련을 위해 고심하고 토론하고 공부를 했습니다. 그 경험을 토대로 '지속 가능한 개발'과 관련된 지역 간 갈등 관계를 주제로 박사 학위 논문을 쓰기도 했습니다.

저는 논문에서 지속 가능한 개발의 실행을 위해 '애로우 (ARROW) 모델'을 제시했는데 지금까지 이를 지역사회 갈등 해소의 원칙과 방안으로 삼고 있습니다. 이 모델은 환경적 가치와 경제적 개발 가치의 균형점을 찾되 미래지향성을 가지는 지속 가능한 개발 정책이 이루어져야 한다는 데 주 안점을 두었고, 정책 결정 과정에서 구성원 사이의 형평성 과 참여라는 요건이 충족되어야 한다고 보았습니다. 가치 지향의 균형점을 찾아가는 노력을 통해 지속가능개발의 실 현이 이루어질 수 있도록 하는 방식입니다.

정약용 ㅣ 지속 가능한 개발을 위해 환경과 경제, 미래성, 형평성과 참여라는 다섯 가지 원칙들을 뽑아낸 건 타당하 다고 봅니다. 그런데 이 원칙들은 개별적이면서도 상호 연 관성을 가질 수밖에 없는데 어떻게 적용하고 활용하는지에 따라 결과도 많이 달라지겠습니다.

이진훈 ㅣ 지속 가능한 개발은 시대적 상황이나 사회적 여 건, 정책의 내용에 따라 다르게 적용될 수 있습니다. 환경 과 경제를 적절하게 절충시켜야 하는 경우가 많겠지만 환 경을 위해 개발 계획을 아예 포기하거나, 반대로 개발을 강 력하게 추진하면서 장래 경제 수준 향상과 기술 개발로 환 경적 문제 해결을 기대할 수밖에 없는 상황도 있습니다. 결국 다섯 가지 원칙을 적용하고 활용하는 리더의 지혜와 결단이 필요하다고 하겠습니다.

정약용 ǀ 결국 리더의 역량에 따라 지속 가능한 개발의 승패가 달렸다고 하겠습니다. 국가의 경우라면 개발단계를 감안하여 알맞은 선택을 해야 한다고 보는데, 대체로 어떠한 변화 추세를 보이고 있는지요?

이진훈 ǀ 저개발 국가에서도 절대적으로 보전이 필요한 자원은 있다고 봅니다. 천연기념물, 국가문화재, 세계문화유산과 같이 절대 훼손해서는 안 될 경우라면 개발 계획을 수정하는데 최선을 다해야 하겠지요. 가령 고속도로를 닦는데 천연기념물이 있는 곳을 통과해야 한다면 도로 선형을 조금 변경할 수도 있고, 매장된 문화재를 박물관에 옮겨서 보관하는 방법도 좋을 것입니다.

반대로 개발계획을 우선하는 경우를 생각해볼 수 있습니다. 산업단지를 만드는 경우 유해물질 배출이 우려됩니다. 대기오염, 수질오염 모두 걱정되지만 저개발 단계에서 완벽한 오염 방지를 하는 것은 불가능합니다. 약간의 주변 피해를 감수하더라도 우선 경제발전을 이루어야 한다고 봅니다. 국가 경제가 성장하면서 환경 문제를 해결할 만한 능력이 생기고 기술개발도 이루어지지요. 국민들의 환경 의식도 의식주가 충족되면서 높아집니다. 그러면서 점차적으로 환경이 경제에 우선하는 경향이 나타나게 됩니다.

중용의 가치 모색
인내로 듣고 통찰로 균형 잡기

정약용　선진국으로 갈수록 환경이 경제에 우선하는 경향이 나타난다고 해도 일방적으로 환경적인 측면만 고려할 수는 없을 것으로 봅니다. 경우에 따라 경제적인 측면이 중요할 때도 있을 것이고, 환경을 중시해야 할 때도 있겠지요. 경제와 환경 양 측면을 함께 배려할 수 있는 방안이 있으면 더 좋을 테고요.

이진훈　경제와 환경을 둘러싼 갈등은 한쪽 입장만 들어주기 곤란한 경우가 대부분입니다. 생존을 위한 문제 같이 극단적인 경우는 반대 측면을 완전히 배제할 수도 있겠지만 많은 사안들은 중용의 길을 찾는 것이 현명합니다. 단순히 형평을 맞추는 것을 넘어 내용적인 면에서 가치의 중심을 잡아야 하지요. 중용이란 단순히 중간에서 양쪽을 바라보는 일이 아니라 양쪽을 한데 모으는 것이고, 그것이 리더의 중심 잡기지요.

정약용 ㅣ 그렇습니다. 중용中庸이라고 하면 그저 한쪽에 치우치지 않고 중간을 지키는 것이라 생각하기 쉬운데, 중용이야말로 유가의 실천적인 행동 규범이라고 할 수 있습니다. 저는 유교 경전인 '중용'을 연구한 '중용자잠'에서 '중용지도의 실현은 신독愼獨이 아니면 안 되고, 신독의 공부 역시 성誠이 아니면 안 된다.'고 밝혔습니다. 도리에 어긋남이 없이 언행을 삼가며 관념적이 아니라 구체적인 실천을 통해 이루어가는 실사구시의 길이 중용이라는 거지요.

이진훈 ㅣ 갈등의 양측이 중간에서 타협하도록 하는 게 아니라 내용적인 가치를 잘 따져서 어디에 중점을 두고 풀어나가느냐에 중용의 진정한 의미가 있다고 생각합니다. 겉으로 보이는 현상이 아니라 각 주장에 담겨 있는 가치의 무게를 맞춰줘야 합리적인 중재인 것이지요.

안전, 건강과 같이 생존권과 관련된 주장이 있다면 절대적 가치로서 인정되어야 합니다. 반면 재산권이나 환경권, 행복추구권은 상대적인 가치라고 할 수 있습니다. 타인의 권리도 중요하고, 이를 위해 일부 양보가 있을 수 있다는 것이지요.

 예컨대 신축 건물 때문에 인근 주택이 무너진다든지, 주변에 사는 주민들이 전염병에 노출되는 일이 생겨서는 안 되지요. 다만 과학적으로 입증되어야 하고, 예방 조치가 불가능한 경우에만 보호받아야 할 절대적인 가치로서 인정될 수 있습니다. 상대적인 가치에 대한 상호 주장에 대해서는 서로 간의 양보와 교환가치에 의한 타협을 통해 중재가 이루어집니다.

정약용 ㅣ 복잡한 현대 사회에서 가치를 제대로 판단해서 중용의 지혜를 발휘하려면 리더 혼자만의 결정으론 힘든 경우가 많겠습니다. 법이나 규정을 내세워 중재하기에는 모호한 상황도 적지 않을 것이고요.

이진훈 ㅣ 법이나 규정은 당해 업무에 대한 최소한의 기준을 정한 데 불과합니다. 헌법상 보장된 권리를 내세우는 경우도 있고 일반적인 법의 원칙과 상충되는 상황도 발생합니다. 그래서 전문성과 경험, 현장 중재라는 부분이 대단히 중요합니다. 과거에는 상상도 못 하던 일이 흔하게 생기고, 인간관계가 얽히고설킨 오늘날에는 기술적인 전문성이 그만큼 필요해졌습니다. 어지간한 사안에는 전문가를 반드시 활용해야 합니다. 이러한 경험들을 꾸준히 축적시켜 나가는 것도 지혜로운 결정을 위해 꼭 필요합니다.

정약용 ㅣ 전문가를 활용한 현장 중재가 이루어질 수 있다면 상호 가치를 객관적으로 평가하고 수용할 수 있는 합리적인 타협 방안을 제시하기도 한결 쉽겠군요. 지도자는 이러한 사례를 통해 본인과 기관의 전문성을 축적해가야 할 것이고요.

이진훈 ㅣ 그렇습니다. 현장 중재란 법과 제도가 모든 것을 규정할 수 없는 현실에서 현장 상황에 맞춰 융통성 있게 법규를 적용하는 것을 말합니다. 오늘날의 리더는 현장을 정확하게, 공익에 맞게 읽을 수 있는 능력과 경륜을 반드시 갖춰야 합니다. 현상을 판단하고 미래를 예측해서 답을 찾아가는 과정은 대단히 어렵고 복잡하기 때문에 이러한 가치의 판단과 배분은 행정과정인 동시에 정치과정이기도 하지요.

그 과정에서 주장이 집단화되고 집단이기주의로 변질되기도 하며, 시위의 형태로 강력한 의사표시를 하기도 합니다. 힘을 과시하여 유리한 협상으로 이끌기 위한 수단인 것이지요. 이러한 현상은 정치공무원인 단체장에게는 압력으로 작용하기도 합니다.

몇 년 전 대형 식당으로 쓰던 건물을 재활병원으로 바꾸겠다는 신고가 들어온 적이 있습니다. 한 건물에 주거와 상업 용도가 섞여 있는 주상복합건물인데다 병원시설에는 장례시설이 따라오기 마련이어서 주민들은 강력하게 반대했습니다. 전염병 노출과 정서적 문제에 대한 주장이었습니다. 그래서 주민들이 집합건물의 관리이용에 관한 법률에 의해 쟁송을 제기할 경우 판결 시까지 영업 신고 접수를 유보하기로 결정했습니다.

 그러나 대구시의 행정심판에서는 민원인의 소송 제기가 집합건물에 따른 쟁송이 아니라는 이유로 신고를 수리해 주도록 판결했습니다. 결국 신고는 수리되었지만 그 이전에 핵심 민원 사항인 엘리베이터 별도 사용과 장례식장을 설치하지 않겠다는 약속을 하는 등 최종 중재가 이루어졌습니다. 길고도 어려운 타협의 과정이었습니다.

 합법적인 건축행위, 즉 재산권 행사라는 경제 가치가 건강상 유해하다는 환경 가치에 의해 제지되는 상황이었지요. 전염병 우려에 대해서는 엘리베이터를 별도로 설치해 줌으로써 예방 조치를 하고, 장례식장은 한 건물에 어린이들이 살고 있어 정신건강상 도저히 받아들일 수 없는 시설로 인정된 셈이지요. 당사자 간에 절충이 이루어져 타협에 이르렀고 갈등은 종결되었습니다. 이러한 과정을 우리는 중용의 길을 찾아가는 가치 균형 잡기라고 말할 수 있을 것입니다.

정약용 정책 결정 과정에서 또는 갈등 해소 과정에서 형
평성을 추구하는 일도 대단히 중요하지요. 예로부터 과도
한 격차나 차별로 인해 세상이 시끄러워진 일은 끊이지 않
고 계속돼 왔습니다. 오늘날에는 배려하고 형평을 맞춰야
할 부분들이 훨씬 많아졌을 텐데요?

이진훈 형평성은 평등권, 법 앞에 평등의 원칙에서 비롯
된 것으로 차별 또는 불평등은 사회적 갈등의 근원입니다.
형평성이란 크게 보면 과거와의 형평성, 다른 사람이나 지
역과의 형평성으로 구분할 수 있습니다. 과거와의 형평성
이란 일관성을 말합니다. 같은 조건에서는 같은 결과가 나

와야 한다는 것이지요.

　과거의 선례가 있는데도 불구하고 다른 해석을 한다면 차별하는 것으로 밖에 볼 수 없고, 이는 곧 갈등의 불씨가 됩니다. 민원인의 입장에서 과거의 선례는 자기 주장을 정당화하는 결정적인 무기가 되는 셈이지요. 일관성 있는 일 처리만이 갈등을 잠재울 수 있는 것입니다.

정약용 ｜ 오늘날 다른 사람이나 지역과의 평등을 요구하는 것은 당연한 일이겠군요. 과거에는 신분제가 엄연히 존재하고 신분에 따라 주거나 이동 등이 제한됐기 때문에 오히려 차별이 당연시되었다고 할 수 있습니다.

이진훈 ｜ 오늘날에는 어떤 사람이나 지역도 차별받거나 상호 격차가 나서는 안 된다는 원칙이 형평성입니다. 같은 조건에서 다른 해석이나 대우가 있는데도 그냥 넘어가는 일은 없습니다. 갈등이 잠재워지지 않는다는 것이지요.

　행정기관을 달리 하는 경우에도 이는 적용됩니다. 다른 지역에서의 사례라고 하더라도 차이가 나게 되면 갈등이 유발됩니다. 왜 우리는 그렇게 하지 않느냐는 것이지요. 조건의 차이를 확실하게 제시하지 못하면 요구에 따를 수밖에 없는 것이지요. 상호 법 해석의 차이는 유권해석이나 판례가 기준이 되어 해결됩니다. 이럴 때 중요한 것은 열린 업무 처리 자세입니다. 갈등을 없애는 지름길이지요.

정약용 | 개발이나 성장 중심의 정책에 매달리다 보면 사람들의 삶의 질을 제대로 보장하지 못할 가능성이 크지요. 경제 성장이라는 목표를 이루어가는 과정에서도 언제나 소외되고 차별 받는 사람과 지역은 보듬어야 합니다. 이 때문에 형평성이라는 요소가 경제와 환경 가치 균형에 영향을 미치는 경우도 있으리라고 보는데요.

이진훈 | 지역 편중, 지역 격차가 문제입니다. 유해 환경시설이 집중되어 있는 지역에 기피시설이 추가로 설치되는 경우라면 당연히 환경 가치에 대한 비중이 높아져야겠지요. 개발에 따른 이익만 고려하여 환경을 소홀히 다룬다면 주민들로부터 저항에 부딪힐 것입니다. 형평성을 내세워 갈등을 유발하게 되고 이는 극복할 수 없는 지역정서, 지역정치 문제로 비화하게 됩니다.

따라서 정책 입안 과정에서 형평성에 대한 고려가 매우 중요합니다. 유치시설이라면 지역 개발 편중 문제를, 유해 환경시설로 기피시설이라면 환경 수준의 격차 문제를 고려해야 합니다. 당해 시설의 가치 비중이 기존의 여건과 결합하여 총체적 형평성의 문제로 받아들여지기 때문이지요. 상대적 가치로서 해결되어야 할 사안이 절대가치화하는 현상이 벌어질 수 있습니다. 이번에는 절대 안 된다는 공감대가 지역정서로서 강화되는 것이지요.

정약용 | 형평성은 꼭 필요한 부분을 똑같이 맞추는 것도 중요하지만 수요나 현장에 맞게 적용하는 것도 필수적입니다. 생활에 필요한 조건을 같게 맞추기 위해 노력하면서도 지역에 따라 각기 다른 환경이나 여건을 고려해 특성에 맞게 발전시켜 나가는 정책을 병행해야 하지요.

이진훈 | 일단은 균형 개발, 균형 발전에 대한 관심이 중요합니다. 소득 수준이나 일자리가 지역별로 골고루 분포되고, 공기의 질이나 먹는 물의 수질이 일정한 수준을 유지하도록 배려해야 합니다. 물론 지역적 특성에 따라 산업의 분포나 개발 방식도 달라지겠지요. 경제적 수준이나 환경 상황이 타 지역과 비교하여 현격하게 떨어진다고 주민들이 느끼게 되면 유해 환경 시설을 추가하거나 개발 프로젝트의 입지로 정하려 할 때 형평성에 대한 인식이 더 민감하게 작용합니다. 지역 차별이라는 공감대 형성이 손쉽게 이루어져 저항도 더 거세질 것입니다. 이러한 현상을 미연에 방지하기 위해서는 지역적 특성과 여건을 고려한 균형 개발 정책이 지속적으로 강구되어야 하겠지요.

주민 참여
깨어있는 시민이 만들어가는 공동체

정약용   갈등 해소를 위해 리더가 중용의 지혜를 발휘하고 형평성을 추구하려면 말씀하신대로 현장의 상황을 면밀히 파악해야 할 뿐만 아니라 양 당사자의 의견을 충분히 듣는 것도 중요하다고 봅니다. 하지만 일반인들의 입장에서는 결정권자나 중재자를 만나 자신의 어려움을 이야기할 수 있는 기회가 흔하지 않습니다. 예전에 비해 사회가 한층 복잡해진 오늘날에는 어떻게 주민들의 목소리를 듣고 있습니까?

이진훈   평소 행정 수요를 파악하기 위해 주민들과 대화하는 기회를 가급적 많이 가지려 하고, 인터넷이나 SNS를 통해 의견을 듣기도 합니다. 환경 갈등이나 입지 갈등 모두 이해를 달리 하는 사람들이 있게 마련이므로 그들의 의견을 듣는 것이 무엇보다 중요합니다.

법적으로 청문이라는 제도를 통해 의견 수렴이 이루어지지만 민원이 예상되는 인허가 처리 등의 과정에서 이해관계자에게 공지하는 것이 필요합니다. 그래야 의견 개진을 할 기회가 생길 수 있으니까요. 앞서 말씀드린 민원배심제의 경우 갈등 해소 과정에 주민이 참여하는 주요한 수단이 되고 있습니다. 서로 대화하는 과정 자체로 이해를 넓히기도 하고 타협에 이르게 되는 경우가 많습니다. 결과가 생각보다 미흡하다 해도 불만은 어느 정도 누그러지지요.

정약용 ㅣ 민원배심제를 통해 결정이 내려지면 당사자들이 완전히 승복하고 건축행위를 하는 과정에서 협조를 하는지 궁금합니다.

이진훈 ㅣ 갈등의 요소가 완전 해결되는 경우도 있지만 공사 과정에서 환경문제를 지속적으로 제기하는 경우가 대부분입니다. 소음, 진동과 같이 환경 기준을 내세워 민원을 제기하는 거지요. 행정기관은 그 과정에서 민원을 처리해야 하는데, 이때도 당사자들의 이야기를 들어주고 상호 대화하도록 자리를 만들어주는 역할이 중요합니다.

정약용 | 갈등 해결의 과정에 주민 참여가 이루어지고 당사자 간 대화와 토론을 할 수 있는 장을 만들어준다고 해도 자신이 손해를 봤다거나 더 많이 양보했다고 느끼는 경우가 생길 텐데요. 갈등이 완전히 해결되는 게 아니라 수면 아래로 잠복하는 형태가 되지는 않나요?

이진훈 | 물론 모두가 만족할 수 있는 결론을 내기는 어렵습니다. 하지만 대화와 토론, 중재의 경험이 쌓이고 제도가 정착되면서 점차 승복의 문화가 형성되고 있습니다. 강제성이 없는 중재라고 해도 자신의 의견이 어느 정도 반영됐다고 생각하거나 상대방의 입장에 대한 이해가 생겨서 결론을 받아들이는 경우가 대부분입니다. 행정심판이나 소송까지 이어지는 경우도 드물게 발생하지만 거기에 소요되는 비용이나 시간 등을 감안해 승복하는 게 보통입니다.

법원에서는 법률요건이 충족되면 인허가 행위를 인정하는 경우가 많습니다. 민원이 있다는 이유만으로 인허가 처분을 거부하는 것은 받아들여지지 않습니다. 이러한 판례로 인해 민원인들도 소송으로 끌고 가는 데는 주저하는 경향이 있습니다.

정약용 | 개인 간의 갈등이야 대화를 통해 풀 수 있다고 하지만 행정이나 정책 추진 과정에서 생기는 주민들의 불만

은 아무래도 해소가 어렵겠지요. 과거에도 신문고 같은 제도가 있긴 했지만 어지간한 일로는 행정기관과 갈등을 일으키기 쉽지 않을 테니 말입니다.

이진훈 | 권위주의 시대였던 과거에 비해 민주주의 시대인 오늘날에는 일방적 행정이나 정책 추진이 줄었다고 하지만 주민과의 소통이나 참여는 아직도 많이 부족하다고 봅니다. 정책 입안과정에서 이해관계가 있는 주민들의 의견을 듣고 조정하는 일에 미흡한 경우도 많습니다. 그러다 보니 유해 환경시설 설치 같은 경우는 대부분 집단민원으로 이어집니다. 이 경우는 주변 지역 주민들의 목소리를 충분히 듣고 도움이 되는 인센티브를 주는 형태로 불만 수위를 낮추는 방안이 불가피할 것입니다. 정교한 정책 입안과 추진 기법이 필요한 대목입니다.

정약용 | 저는 부사로 부임하는 이에게 보낸 편지에서 백성을 다스리는 사람은 네 가지를 두려워함이 있다고 쓴 적이 있습니다. 아래로 백성을 두려워하고, 위로는 대간臺諫을 두려워하며, 더 위로는 조정을, 나아가 하늘을 두려워합니다. 그런데 목민관은 대관과 조정을 두려워할 뿐 백성과 하늘은 종종 두려워하지 않습니다. 대관臺官과 조정은 멀리는 수천 리에 이르지만 백성과 하늘은 바로 앞에서 잠시도

떨어질 수 없으니 과연 누구를 두려워해야 하겠느냐고 조언했습니다. 선거로 뽑는 목민관이라도 선거 때만 주민들의 의견을 듣는다면 권위주의 시대와 다를 게 없지요. 주민을 위해서, 주민 앞에서 스스로 떳떳하기 위해서 주민들을 두려워하는 것이 목민관의 바른 자세입니다.

미래지향적 윈윈
|
인센티브는 행정의 묘약

정약용 갈등이 벌어진 당사자들의 참여 과정을 통해 중용과 형평성을 추구하는 방식은 힘이 들긴 하겠지만 사회의 평안을 위해서는 더없이 좋다고 생각합니다. 여기서 지도자의 생각이 중요하다고 보는데요. 조금 더 빠르고 쉬운 일처리를 위해 현재의 갈등을 푸는 데 초점을 맞추느냐, 어렵더라도 미래를 내다보고 더 나은 가치를 추구하느냐를 선택하는 건 지도자의 몫일 테니까요.

이진훈 저는 갈등 해소 과정에서 단순히 현재의 다툼을 풀어주기 위해 애쓰기보다는 양 당사자가 미래를 위해 바람직한 방향으로 갈 수 있도록 만들어주는 지혜를 찾는 데 더 노력합니다. 다툼 자체를 푸는 데만 매몰되다 보면 자칫 현재의 상황에 머무르거나 과거로 회귀하는 경우도 생길 수 있습니다.

앞서 말씀드린 위천공단 문제는 현재의 타협이 아니라 미래의 물 이용 모델을 두고 중재가 이루어졌습니다. 지역 간 갈등이었던 만큼 중앙정부인 환경부의 대안 제시가 있었기에 가능했습니다. 이후 대구나 구미 등 낙동강 중·상류 지역 도시에서 국가산업단지와 지방산업단지를 조성할 때는 환경적 문제를 검토해 낙동강 수질을 악화시키지 않는 대책을 반드시 포함시키도록 하고 있습니다.

정약용 ┃ 지역 간에 발생한 갈등을 상급기관인 중앙정부가 적극적으로 개입하여 문제를 푸는 방식이 흥미롭습니다. 이해관계를 달리 하는 개인 간 갈등에 민원배심제를 통해 행정기관이 개입하는 방식과 유사해 보입니다.

이진훈 ┃ 지방정부 사이에는 이해관계가 대립될 경우 어느 쪽도 양보하기가 어려운 형편이 됩니다. 단체장이 그런 생각이 있다 해도 주민들과 논의해서 방향을 틀기가 쉬운 일이 아니지요. 의견을 모으는 과정에서 강성론이 우세한 경우가 많고, 단체장이 선출직이다 보니 주민들의 눈치를 보지 않을 수가 없습니다. 이럴 때 중용의 해법을 제시하는 역할을 상급기관이 해줘야 타협 가능성을 높일 수 있습니다. 관련 인·허가권을 가지고 있고 인센티브를 줄 수도 있으니까요.

정약용 ｜ 민주주의가 아무리 발전했다고 해도 결국은 앞서 이끄는 지도자의 역할이 중요하겠군요. 주민들과 소통하고 많은 사람의 의견을 반영한다고 해 놓고 합리적인 결론을 이끌어내지 못하거나, 이를 피해 일찌감치 자신만의 결론을 만들어놓고 보여주기식의 형식적인 토론을 진행하는 경우도 있겠고요.

이진훈 ｜ 리더는 중재의 과정에서 갈등 해소를 위해 중요한 문제가 무엇인지를 진정으로 고민하고 해야 할 일이 무엇인지, 하지 말아야 할 일이 무엇인지를 판단해야 합니다. 시민들의 생각을 충분히 들되 장래의 환경과 경제적 성과를 고려해 도시의 발전 방향에 맞는 미래지향적 결론을 이끌어낼 수 있어야 합니다.

때로는 설득도 해야 합니다. 합리적 생각, 법률적 한계, 공동체의 이익과 미래 발전 방향에 대한 리더의 소신 있는 태도가 결론을 이끌어내는 데 도움이 됩니다. 섣불리 리더의 의향이 내비쳐져서는 곤란하겠지만 결정적인 단계에서는 생각을 정리해서 밝히되, 단순히 현재의 문제를 푸는 데만 머물지 말고 미래에 일어날 수 있는 환경적 결과, 공동체의 발전에 미치는 영향을 고려한 미래지향적 해법이어야 합니다. 양 당사자가 서로 윈윈할 수 있어야 중재와 타협이 빛날 수 있겠지요.

정약용 ｜ 목민牧民이란 백성들의 어려움을 구석구석 살펴서 함께 아파하고, 백성들의 평안과 행복을 위해 가슴 깊이 고민해서 더 좋은 삶을 살 수 있도록 노력하는 일입니다. 결국은 목민관, 오늘날 표현으로는 리더가 어떤 사람이냐에 따라 백성의 삶이 달라지는 것이지요.

이진훈 ｜ 지방 행정은 지리적 여건이나 문화적 토양이 주어져 있는 데다 제도라는 일정한 틀 속에서 이루어질 수밖에 없습니다. 지방의 리더는 그러한 제한 속에서도 지역을 발전시킬 수 있는 지혜를 발휘해야 하고, 발로 뛰며 주민들의 어려움을 덜고 갈등을 풀어 주면서 공동체를 더 따뜻하게 만들어 나가야겠지요. 리더가 한계를 뛰어넘으려는 의지를 가지고 노심초사하면 주민들도 감화되고, 이렇게 혼연일체가 되어야 평안과 행복이 보장되는 공동체로 나아갈 수 있을 것입니다.

신호과 주시에서
답을 찾다

시 是

실사구시 리더십

'시是'란 옳고 바른 것, 도시에 역동성이 넘치게 하고 시민들에게 자부심과 행복감이 들 수 있도록 해주는 방향이며 가치를 높이고 미래를 풍성하게 만드는 비전입니다.

지방의 리더 목민관
오케스트라 지휘자

이진훈　앞서 실사구시 리더가 갖추어야 할 결단하는 능력과 갈등 해소 능력에 대해 말씀을 나눴는데요, 이제 행정조직의 수장으로서 그리고 주민을 대표하는 정치인으로서 추구해야 할 리더십에 대해 논의해 보았으면 합니다. 지방자치제가 도입된 지 20년이 지난 지금 지방자치단체장이 어떠한 마음가짐으로, 어떠한 가치를 추구하고, 어떻게 조직을 경영하면서 주민들의 삶의 질을 개선시키느냐가 대단히 중요해졌습니다. 선생께서는 목민심서에서 지방 수령들이 다해야 할 직분을 세세히 나열하고 강조하셨는데, 오늘날에도 부합하는 측면이 많은 것 같습니다.

정약용　먼저 말씀드리고 싶은 것은 군자의 길입니다. 목민심서 자서自序에서 저는 군자의 학문은 수신이 반이고 나머지 반은 목민이라고 밝혔습니다. 스스로 두려워하며 자신을 닦는 데 힘쓰는 길과 힘들고 시달리는 백성들을 살피는 목민의 길 모두 중요할 뿐만 아니라 리더라면 마땅히 두 가지 모두 충실해야 한다는 의미입니다.

　저는 목민심서를 저술하면서 부임에서부터 해관解官에 이르기까지 12부에 걸쳐 각 6조씩 모두 72조로 정리했습니다. 이 가운데 부임과 해관을 제외하고 율기律己와 봉공奉公, 애민愛民, 육전六典, 진황賑荒의 10부에 들어 있는 것만 해도 60조나 되니 이에 언급된 직분만 다한다면 어진 수령이 될 수 있다고 생각했습니다. 인구가 크게 늘고 문명이 발달된 오늘날 기준으로 보면 맞지 않는 부분도 있고, 더해야 할 내용도 있겠지요.

이진훈　│　바른 몸가짐과 청렴한 마음을 갖고 집안을 잘 다스리며 청탁을 물리치라는 율기, 백성을 교화하고 법도를 지키며 노인과 어린이, 가난한 자와 병자, 재난을 입은 사람을 구하라는 봉공과 애민에 담긴 정신은 오늘날에도 금과옥조로 받아들여야 할 부분입니다.

　하지만 말씀대로 인구가 폭발적으로 늘어나 지방의 중소

시·군만 해도 수만에서 수십만에 이르는 주민들의 삶과 관련된 많은 부분을 책임져야 하는 지방자치단체장의 역할은 엄청나게 복잡·다양해졌습니다. 산업이 발달하고 교통이 편리해지면서 가속화되는 도시화 현상으로 문제가 폭증하고 있습니다. 과거 농업 중심 사회가 제조업, 서비스업으로 비중이 옮겨가면서 도시에 인구가 밀집하게 되었지요. 작은 면적에서 효율성이 높은 사회가 필요해진 겁니다.

한양 천도를 하듯이 계획도시를 만들 겨를도 없이 도시로 사람들이 모여들고, 6.25전쟁의 후유증까지 겹쳐서 문제투성이 도시가 되었습니다. 재정력은 미약한데 시민들의 안전, 건강, 편의가 보장된 도시를 만들어야 하는 책임이 단체장에게 주어졌습니다. 상·하수도, 보건위생, 건설, 교통, 도시계획, 경제뿐만 아니라 교육과 문화, 복지, 치안까지 그야말로 만능 탤런트, 오케스트라 지휘자가 되어야 합니다.

정약용 ｜ 도시가 갈수록 커지면서 도로가 확장되고 교통수단이 좋아졌으니 과거 산이나 강으로 나눠졌던 인근 지역과의 경계도 큰 의미가 없어졌겠군요. 과거에는 목민관이 자신이 맡은 지역의 실상만 제대로 파악하면 됐지만 오늘날에는 인근 지역의 상황까지도 고려해야 할 것 같습니다. 또한 큰 도시뿐만 아니라 중소 도시도 많이 생겼을 것이니

인접한 도시들 간에는 갈등을 줄이면서 협력함으로써 주민들의 삶을 더 행복하게 해 줄 방안을 찾는 일도 중요해졌겠군요.

이진훈 | 서울을 비롯해 대구, 부산, 광주 등 인구가 백만 명이 넘는 도시들이 많이 생겼고, 대도시 인근으로 중소 도시들이 서로 역할을 분담해 발전하는 양상으로 가고 있습니다. 대도시의 도시계획은 연담도시를 포함하여 작성되고, 도시 외곽 순환도로를 통해 인근 도시로 뻗어갈 수 있는 연계 교통망도 발달하고 있습니다.

시민들은 편의에 따라 산업활동과 주거생활의 근거지를 선택하고, 소비활동 또한 도시 간의 경계가 없습니다. 최근에는 도시 관리에 필요한 시설들을 서로 나누어 쓰기도 하고 산업, 문화, 관광, 수출 진흥 활동을 공동으로 하여 시너지를 높이기도 합니다. 자연히 지도자에게도 인근 도시들과 이해관계를 잘 조절하면서 상생하고자 하는 노력이 요구되고 있습니다.

정약용 | 확실히 수령이 자기 고을만 잘 다스리면 되던 과거와는 큰 차이가 있겠군요. 일 하는 곳과 즐기는 곳, 거주하는 곳이 각각 다른 삶이란 예전에는 꿈도 못 꾸던 일이었지요.

이진훈 ∣ 뿐만 아닙니다. 국가 간 교류와 무역이 폭발적으로 확대되면서 지방 도시에도 세계화 바람이 거세지고 있습니다. 외국 도시와의 교류 확대는 물론 다양한 국적의 사람들이 함께 거주하고 생활하는 상황이 일반화됐습니다.

정약용 ∣ 놀라운 일이군요. 과거에는 서울이나 중국과의 접경 지역, 큰 항구에서도 보기 어렵던 외국인들과 생활을 함께하는 정도라니 말입니다. 참으로 목민관의 역할이 복잡해졌다고 할 수 있겠습니다.

이진훈 ∣ 이제는 국가뿐 아니라 개별 도시도 한편으로 세계의 도시들과 경쟁하면서 한편으로는 도시 내에 거주하는 외국인, 관광이나 비즈니스를 위해 방문하는 외국인들에게 좋은 이미지를 심어주는 일에 힘을 쏟고 있습니다. 시민들의 의식을 글로벌화하는 한편 청소년들에게 세계시민으로서의 자질과 역량을 키워주는 일도 소홀히 할 수 없지요. 지구촌이라는 말이 있듯이 세계 각국의 도시들에서 어떤 일이 일어나는지 관심을 가지고 더불어 함께 살아간다는 개방적 사고로 도시를 관리해야 합니다.

지방자치시대의 목민관
|
존재이유를 잊지 말아야

정약용　과거에는 수령의 부임과 교체가 온전히 중앙의 결정에 의해서 이루어졌고, 어지간한 일은 중앙이나 상급기관에 보고하고 지시를 받는 체제가 확고했습니다. 오늘날 지방의 도시들이 발달하고 세계 도시들과 경쟁할 정도로 커졌다고 해도 국가, 즉 중앙정부와의 관계를 놓고 보면 독자성이나 자율성을 요구하기에는 한계가 있지 않습니까?

이진훈　주민들의 선거에 의해 지방자치단체장과 의원들을 선출하는 지방자치제가 시행된 지 20년이 되었지만 아직 제대로 된 제도라고 하기는 어렵습니다. 외교나 국방 같은 국가 고유의 권한 외에 지방으로 이양해도 무방한 권한들을 중앙정부가 여전히 움켜쥐고 있는데다 세금의 대부분이 국세여서 재정적으로도 중앙에 의존할 수밖에 없는 구조이지요.

중앙정부는 법적 권한을 지방에 넘겨주면 비리와 부정, 오판 같은 부작용이 우려되고 재정 역시 낭비나 비효율이 생길 수밖에 없다는 논리를 펴고 있습니다. 지방의 몇천만 원, 몇억 원대 비리나 낭비를 예로 들면서 말이죠. 그래놓고 중앙정부 스스로는 몇십억 원, 몇백억 원대 비리나 낭비를 저지르고 있습니다. 국민들이 이러한 실상을 정확하게 인식할 때가 되었다고 봅니다.

정약용 | 국가나 상급 관청의 합법적인 지시 또는 권한 행사에는 따라야 하고 정해진 세금은 걷어야 하지만 백성들의 형편이나 지역 실정, 합리적 관행 등에 맞지 않으면 다른 방안을 찾는 것이 목민관의 역할입니다. 조선 후기에는 중앙에서부터 지방에 이르기까지 부패가 만연하고 삼정三政이 문란해 백성들의 삶이 심히 곤궁했습니다. 그러한 때에 중앙정부의 요구에 무조건 따르는 것은 맞지 않다고 생각했습니다.

목민심서 2부 봉공奉公에서 저는 군수와 현령의 일로 임금의 은덕을 받들어 흐르게 하고 덕으로 교화함을 널리 펴는 일, 임금의 명령인 법을 지키는 일, 백성으로부터 나오는 재물을 받아서 나라에 바치는 일, 나라 재정을 위해 쌀과 무명베로 전세田稅를 걷어 바치는 일, 상급 관청에서 배정한 공물貢物과 토산품을 바치는 일 등을 열거했습니다.

그러면서도 세금을 걷는 일에는 아전의 부정과 횡포를 없애는 한편 넉넉한 백성부터 먼저 징수하고, 기존 관행과 달리 새로운 공물을 요구하는 것을 막고, 백성이 쉽게 마련할 수 있는 것만 나라에 납부하고 마련하기 어려우면 거절하는 등 백성의 형편과 고통을 살피는 데 고심해야 한다고 밝혔습니다. 지방의 실정을 가장 잘 아는 목민관의 자율적 판단도 필요하다는 것이지요. 지방의 자치가 제도화된 오늘날이라면 이러한 역할은 더욱 중요할 것입니다.

이진훈 | 사회가 복잡해지면서 지방자치단체가 자체적으로 판단하고 실행해야 할 부분이 커진 것은 틀림없지요. 하지만 권한과 재정이 아직 중앙정부에 집중돼 있고 지방자치단체는 물론 시민들 스스로도 중앙정부에 의존하는 경향이 강해 지방의 리더가 어떤 철학과 비전, 리더십을 갖느냐에 따라 극단적인 차이를 보이기도 합니다.

주어진 권한과 예산의 범위 내에서 최대한의 성과를 끌어내기 위해 적극적이고 창의적으로 일을 추진하는 곳이 있는가 하면 민원 발생을 줄인다는 명분으로 기존의 관행이나 상급 기관의 방침 뒤에 숨어 복지부동하는 지역도 있습니다. 지역 내에 활기를 불어넣어 주민들에게 행복감을 주고 미래를 향해 역동적으로 달리는 지역이 있는가 하면 형식적이고 인기에 부합하는 일에만 매달리는 곳도 있습니다.

지방자치제도를 운영하면서 자치역량이 커지고 있다는 데는 이론異論이 없습니다. 판단 능력에 대한 우려와 부패 걱정이 상존하고 소극적인 업무 처리 행태가 있다고는 하나 중앙정부의 비대화로 인한 부작용에 비할 바가 아니라고 봅니다. 국회는 비효율이 극대화된 상태이고, 중앙정부는 지역의 특성보다는 효율성, 일관성 위주의 정책으로 지방정부 위에 군림하고 있습니다.

해결책은 지방정부의 책임성을 강화하는 것입니다. 20년 이상 능력을 길러 왔고 지방의회는 국회에 비해 권한이 적어 여력이 있습니다. 권한과 책임을 지방에 주어 인재가 지역에 몰리게 해야 합니다. 민선 자치단체장의 리더십을 통해 지역 특성을 살리는 발전을 기대할 수 있다고 봅니다. 이러한 현실 인식 하에서 법률을 고쳐 지방재정을 확충함은 물론 지방분권을 헌법에 포함시키자는 논의까지 나오고 있는 상황입니다.

정약용 ㅣ 시대적으로 대단히 필요한 논의로 보입니다. 법적·제도적 정비와 보완이 뒤따른다면 훨씬 좋은 결과가 있겠군요. 그렇다고 해도 말씀하신대로 지방의 리더가 행정과 정치에 대해 어떤 생각을 갖고 있느냐에 따라 차이는 생길 수밖에 없을 것입니다. 선생은 개인적으로 어떤 가치를 추구하는지 궁금하군요.

이진훈 ㅣ 저는 행정고시 합격 후 관료로 지낸 30년 가운데 25년을 대구의 공무원으로 일했습니다. 이후 7년 동안 선출직인 대구 수성구청장으로 지역민들에게 봉사해왔습니다. 그러한 과정에서 중앙정부는 물론 국회의원, 정치인, 기업인 등과의 협업과 공조를 통해 경험을 축적하고 안목을 넓히려고 노력했습니다. 이제 겨우 지방의 행정과 정치, 그리고 리더십에 대해 저 나름의 분명한 체계를 갖추게 되었습니다.

정약용 ㅣ 그러신가요. 부러운 일이군요. 저 역시 젊은 시절 중앙정부와 지방 수령의 일을 경험하긴 했지만 시대적인 불운에 휘말려 오래 가지는 못해 마음으로만 뜻을 세울 수밖에 없었는데 말입니다.

이진훈 ㅣ 선생의 경우야 말씀대로 시대적 상황이 낳은 불운이었지요. 그래도 오랜 기간 공부와 저술을 통해 후대에게 귀한 생각을 남겨주신 덕에 저 같이 어려서부터 목민관을 꿈꾸게 만들고 훌륭한 공직자, 깨끗한 정치인의 길을 가려는 사람이 많은 것 아니겠습니까.

선생의 공부에 비할 바는 아니겠습니다만, 제 경험과 공부를 바탕으로 확고히 갖게 된 리더십에 대한 생각은 '일이 되도록 하는 행정, 삶을 변화시키는 정치' 라고 말씀드릴 수 있습니다.

일이 되도록 하는 행정은 일을 최대한 되는 방향에서 접근하자는 것입니다. 관료들이 일하는 행태는 일을 처리하는 공무원 자신들의 철학과 자세에서 비롯된다는 저 나름의 경험과 판단에서 나온 생각입니다. 똑같은 상황에 놓여 있다고 하더라도 앞으로 가려고 애쓰는 사람과 되도록이면 움직이지 않겠다는 사람 사이에는 하늘과 땅의 차이가 나는 것이지요. 과정도 결과도 그렇습니다. 한 지역을 책임 맡아 일하다 보니 저의 이러한 생각에 확신을 갖게 되었습니다.

삶을 변화시키는 정치란 왜 정치를 하는가에 대한 근본적 물음과 저 나름의 답변입니다. 좋은 정치는 민생과 연결지어 평가됩니다. 그 지역에 사는 사람들이 자부심을 가지고 활력이 넘치고 만족감을 가질 수 있도록 하는 것이 정치의 근본이고 바른길이라고 봅니다. 열심히는 하는데 주민들의 삶에는 긍정적인 변화가 없다면 문제가 있는 정치 행태가 아닐까요.

정약용 ｜ 듣고 보니 나라가 있고 정부가 존재하는 이유, 정치와 행정에 대한 본래의 의미를 꿰뚫고 있군요. 결국 그런 자세야말로 실사구시가 아닐까요. 참으로 백성을 위하고 백성들이 좀 더 잘 살게 하는 것이야말로 제대로 된 정치고 행정입니다. 일이 되도록 하는 행정, 삶을 변화시키는 정치야말로 실사구시 리더십이라고 부를 수 있겠습니다.

일이 되도록 하는 행정

"어렵다" 보다 "가능하다" 로

이진훈 먼저 조직의 수장으로서 가져야 할 리더십으로 일이 되도록 하는 행정에 대해 말씀을 나눴으면 합니다. 이는 행정조직뿐만 아니라 기업이나 단체 등의 수장, 프로젝트의 팀장 등 일을 하기 위해 모인 사람들을 이끄는 사람이라면 누구나 추구해야 할 가치라고 봅니다.

정약용 우리의 대화 초반에 실사구시 정신에 대해 이야기하면서 선생이 '일을 실實답게, 즉 알차고 쓸모 있게 되도록 한다.'고 '실사實事'의 뜻을 새기셨는데 바로 거기에 딱 맞추어 세운 가치가 아닌가 합니다.

이진훈 ㅣ 지역 발전과 주민의 행복을 위해 해야 할 일, 옳은 일이라는 판단이 든다면 어떻게든 되는 방향과 방법을 찾아 실천함으로써 좋은 결과를 내는 것이 행정의 적극적 역할일 것입니다. 이를 위해 저는 일이 되도록 하는 행정의 실천적 요소로 '되는 방향으로 일하기, 창의적으로 일하기, 좋은 결과를 내는 일하기' 세 가지를 항상 마음속에 담고 있습니다.

정약용 ㅣ 조직의 수장으로서 옳은 마음가짐이라고 봅니다. 일하는 방향과 과정, 결과를 모두 고려한 생각이군요. 하지만 마음가짐만으로 일이 되는 건 아니라고 보는데요.

이진훈 ㅣ 그렇습니다. 먼저 조직 구성원들의 정신자세와 일을 대하는 태도부터 바꿔야 합니다. 2010년 수성구청장으로 취임해서 보니 직원들의 업무 역량이 중앙부처는 말할 것도 없고 제가 25년 동안 몸담았던 대구시청 공무원들에 비해서도 크게 떨어졌습니다. 고심 끝에 가장 먼저 선택한 방법이 솔선수범이었습니다.

정약용 ㅣ 목민심서 이전吏典에서 제가 짚은 내용을 실천하셨군요. '아전을 단속하는 일의 근본은 스스로를 규율함에 있다. 자신의 몸가짐이 바르면 명령하지 않아도 일이 행해질 것이고, 자신의 몸가짐이 바르지 못하면 명령을 하더라도 일이 행해지지 않을 것이다.' 라는 것입니다. 스스로를 규율한 뒤에 '타이르고 감싸주며 가르치고 깨우치면 아전들 역시 사람의 성품을 타고난지라 바로잡아지지 않을 자 없을 것'이라고 했는데 선생 역시 다를 바 없었겠군요.

이진훈 ｜ 직원들과 만나는 기회마다 일이 되도록 하는 행정에 대해 이야기했습니다. 필요한 일인데 이러이러한 장애가 있다고 하면, 그 장애의 의미와 극복 방안에 대해 다시 생각하면서 일이 되게 하는 방향으로 재고해 보도록 하는 것입니다.

예를 들어 인터넷 직소 민원에 대해서는 가능한 한 들어주려는 태도로 방법을 찾아 해결점을 구해보도록 구체적으로 지시하고 진행 상황을 체크합니다. 현장 방문에서도 민원인의 입장에서 되도록이면 요청사항을 들어주려는 적극적인 자세를 보임으로써 직원들을 교육하는 기회로 삼았습니다. 각종 회의나 조회 시에도 공무원의 일하는 자세에 대해 강조하고 모범적인 사례를 직접 소개하여 깨우치려고 노력합니다.

해가 거듭될수록 몰라보게 직원들의 태도가 달라졌고 이제는 머릿속에 박혀서 직장문화로 자리잡아가는 단계까지 왔습니다. "어렵습니다"라는 말보다는 "해보겠습니다"라는 대답이 훨씬 많이 나오고 있습니다.

정약용 ┃ 저는 목민심서에서 인재 추천과 활용의 중요성을 강조했습니다. '정사에 밝고 행실이 뛰어난 사람이나 행정 능력을 갖춘 사람을 추천하는 데 나라의 통상적인 법전이 있으니, 한 고을의 선한 사람도 덮어두어서는 안 된다. 관내에 경서에 밝고 행실을 돈독히 닦는 선비가 있으면 마땅히 몸소 그를 방문하고 명절에 찾아가 예의를 닦아야 한다.' 라는 내용인데요, 오늘날과 같이 사회가 복잡하고 분야별로 전문화된 시기에는 직원들의 역량을 키우는 것만으로는 한계가 있지 않겠습니까?

이진훈 ┃ 직원들의 능력이 닿지 못하는 분야가 있습니다. 고도의 판단을 요하는 경우나 전문적 지식, 예술적 감각 등이 요구되는 업무들은 외부 전문가의 도움이 절실히 필요합니다. 관련 전문가들로 위원회를 구성하거나 비용이 수반되더라도 외부 용역으로 해결해야 합니다.

　학교 교육의 경우 경쟁력을 높이기 위해 교육 전문가들이 참여하는 위원회 운영을 통해 단계별로 할 일들을 찾아 실천했습니다. 그 결과 창의 체험, 인성 강화 분야에서 독창적인 방안을 찾아낼 수 있었습니다. 범어도서관의 글로벌 존, 창의적체험활동지원센터, 희망나눔봉사학교 운영 등이 거기서 나온 산물입니다.

구청마다 매월 만드는 소식지를 단순 편집으로 읽고 싶은 생각이 별로 나지 않는 경우가 허다하지만, 수성구에서는 경쟁을 통해 디자인, 편집까지 용역기획사에 맡겨서 전국적 명성을 얻고 있습니다.

정약용 ㅣ 일이 되도록 노력해서 좋은 결과를 낼 수도 있지만 기대에 못 미치거나 잘못된 결과를 가져올 수도 있는데 그에 대한 평가는 엄정해야 할 텐데요.

이진훈 ㅣ 일을 진행하는 태도와 과정에서 빈틈없이 성심성의껏 이루어져야 결과로 이어집니다. 마지못해 따르거나 건성건성하게 되면 바람직한 결과가 나타나지 않습니다. 성과를 평가하고 분명한 상벌 관리가 뒤따라야 합니다. 연공서열이나 주요 보직자에게 관행적으로 돌아가던 연말 포상자 선정 기준을 바꿔 그 해에 가장 실적이 좋은 직원으로 심사숙고하여 선정합니다. 자기 업무에 대한 리더의 평가가 제대로 이루어지는데 대해 대단히 고마워하는 것을 느끼고 있습니다.

정의롭지 못하거나 의도적인 잘못으로 업무상 문제가 생길 경우는 마음이 아프지만 용서하지 않습니다. 징계는 물론 사법당국에 고발하여 처벌받게 하는 경우도 있습니다. 선생께서 목민심서에 '아전들의 일도 반드시 그 공적을 평가해야 한다. 그렇지 않으면 열심히 하라고 백성들에게 권할 수 없다.' 라고 말씀하신 바와 같습니다.

정약용 ㅣ 그렇습니다. 공이 있는데 상이 없으면 열심히 하라고 권할 수 없고, 죄가 있는데 벌이 없으면 두려워하지 않지요. 열심히 하도록 권하지도 않고 잘못을 두려워하지도 않으면 되는 일이 없으니 직원들의 역량을 기르고 일이 되도록 하기 위해서는 깊이 유의해야 할 부분입니다.

되는 방향으로 일하기
|
원칙 9할에 융통성 1할

이진훈　일이 되도록 하는 행정에서 우선 규정지어야 할 부분은 일입니다. 특정하게 주어진 과제나 프로젝트일 수도 있고 지방의 리더, 즉 목민관에게 일반적으로 맡겨진 일일 수도 있겠지요. 어떤 일이든 시작하기 전에 그 일이 옳은 일이냐, 지역과 지역민을 위해 필요한 일이냐에 대한 판단이 우선돼야 할 것입니다.

정약용　중앙정부나 상급기관에서 주어진 특정한 일이라면 당연히 법과 규정에 맞고 필요한 일이니 가치 판단보다는 실현할 수 있는 방법을 모색하는 것이 일의 출발점이겠지요. 그러나 목민심서 서문에서 제가 밝혔듯이 목민관의 직분은 백성을 부양하기 위해 관장하지 않는 바가 없으니 목민심서에서 60조나 되는 분량을 제시한 것입니다. 그 밖의 일이라도 백성에게 유익한 일이라면 당연히 목민관의 소임입니다.

이진훈 ǀ 목민심서는 당시 현실에서 실천해야 할 목민의 길을 조목조목, 총체적으로 분석해서 제시한 당대의 역작으로 지금도 음미하고 따라야 할 대목이 많습니다. 하지만 사회가 훨씬 복잡해지고 목민관의 역할도 방대해진 오늘날에는 지방의 리더들이 따르고 참고할 만한 지침서가 마땅히 없습니다. 제가 선생과의 대화를 통해 이 책을 쓰는 이유이기도 하지요.

지방공무원들 또한 법규에 따른 업무 처리에 익숙하여 통상적인 업무 외에는 리더가 관심 갖는 일에만 역량을 쏟는 폐단이 생기고 있습니다. 주민들에게 필요한 일, 이익이 되는 일이 무엇인지 알아보고 고심해서 추진하려는 적극성 자체가 많이 부족합니다.

정약용 ǀ 목민관의 직무에 대해서는 고려말에 오사五事, 즉 다섯 가지 방면으로 분류해서 고과考課하였고, 조선 후기에야 칠사七事로 늘렸는데 모두 대체적인 방향만 보여주었지요. 그러니 백성들은 여위고 시달리고 시들고 병들어 쓰러

져 진구렁을 메우는데, 그들을 기른다는 자들은 화려한 옷과 맛있는 음식으로 자기만 살찌우게 되는 거지요. 목민하는 자의 직분은 백성과 관련된 일이라면 이르지 않는 데가 없는데 말입니다.

이진훈 | 생각을 어떻게 하느냐의 문제겠지요. 지역 발전과 주민 평안을 위해 좋은 일, 옳은 일을 찾고 그러한 일이라는 확신이 들면 어떻게든 이루겠다는 적극적 사고를 가져야 합니다. 또한 이 일이 잘 될까, 잘못 되면 어떻게 할까 같은 부정적 사고에서 벗어나 할 수 있다는 긍정적 사고를 갖는 것도 중요합니다. 해야겠다, 할 수 있다는 생각으로 일을 대하게 되면 일을 풀어내는 10가지 생각이 떠오르지만 꼭 해야 하나, 할 수 없다는 생각을 가지고 일을 하면 하지 못할 이유가 10가지 만들어지지요.

주민들이 많이 이용하는 철로변 길이 매우 좁아 차량 교행이 어렵다며 불평이 심한 곳이 있었습니다. 길옆 산비탈의 경사가 급해 넓히기가 어렵다는 이유로 여러 해 동안 해결하지 못했습니다. 그러나 최소한 교행은 가능할 수 있도록 온갖 건설 공법을 활용해 보라고 당부했습니다. 마침내 길이 넓혀졌을 때 주민들이 얼마나 반겼는지 모릅니다. 일이 되는 방향으로 적극적, 긍정적 사고를 가지면 어떤 일이든 되게 하는 방법을 찾을 수 있습니다.

정약용 | 일이 되게 하는 방법이라도 당연히 원칙이나 범위를 가져야 할 텐데요. 지역과 주민을 위한다는 명분을 내세워 법이나 규정에 어긋난다든지, 우선순위나 효율성을 고려하지 못한다면 오히려 문제가 될 수도 있지 않겠습니까?

이진훈 | 그렇지요. 리더의 분명한 원칙과 판단이 중요합니다. 범어공원의 배드민턴장들은 공원법에 어긋나게 설치되어 이용되고 있었습니다. 많은 등산객들이 눈에 거슬린다며 불평했지만 한 번 불법이 저질러지면 좀처럼 바로잡기가 힘듭니다. 애초에 허용하지 말았어야 하는 거지요. 결국 이를 수용할 만큼의 배드민턴 코트가 설치된 체육센터를 짓고서야 철거할 수가 있었습니다.

다른 산에는 아직 철거하지 못한 채 이용되고 있는 배드민턴장이 있습니다. 장차 새로운 배드민턴장을 만들어준 다음 철거할 계획입니다. 법질서를 세우고 경관을 보호한다는 원칙은 지키되, 기왕에 설치된 운동시설을 무작정 철거하지 않고 대책을 먼저 세웠습니다. 그러면서 정식 구장이 될 때까지는 그대로 이용하도록 하는 것이 불가피하다고 보았습니다. 20년 넘게 이용되던 구장을 하루아침에 없애버릴 수는 없는 것이지요.

정약용 ㅣ 그렇습니다. 원칙이 분명한 가운데 융통성을 발
휘해야 합니다. 원칙이 확고히 서 있을수록 오히려 일이 되
도록 만드는 융통성의 범위가 넓어질 수 있을 것입니다.

창의적으로 일하기
|
아이디어맨보다 프로페셔널이 먼저

정약용　도시가 커지고 인구가 늘어난 만큼 행정 조직에 속해 일하는 사람의 수도 많이 늘었겠군요. 과거에는 아전이나 관속이라야 몇 명 되지 않는데 관할해야 하는 면적은 넓어서 경서에 밝고 행실이 돈독한 선비들의 도움을 받는 경우가 많았습니다.

이진훈　공무원의 수가 과거에 비해 많이 늘어난 것은 사실이지만 해야 할 일이 그만큼 늘어나기도 해서 인력은 늘 부족함을 느끼고 있습니다. 하지만 지방의 리더라면 무턱대고 공무원 숫자를 늘리기보다는 공무원 개개인의 역량을 높이는 데 더 힘을 쏟아야 한다고 봅니다. 자신이 맡은 일에 대한 전문성을 키우고 일의 효율을 높여 일이 가능한 방법, 더 잘 할 수 있는 길을 찾아낼 수 있도록 독려해야 합니다.

　오늘날에는 행정 분야에 대한 전문 지식 없이 채용시험만으로 공무원이 되는 경우가 대부분입니다. 문제 해결을 위한 안목을 넓히고 논리적 검토 방법을 가르치기 위해서는 대학에서 실제 행정과 관련된 학문을 배우는 게 도움이 됩니다. 저희 구청에서는 지역 대학과 협약하여 행정학 석사 과정을 개설하고 학비를 지원하여 직원들에게 수학 기회를 주고 있습니다. 기초지자체에서는 드문 일이지요.

정약용 ｜ 전문성을 기르고 일의 효율을 높일 수 있다면 일이 가능한 방법을 찾는 역량도 커지겠지요. 여기에 더해 일이 가능한 방법을 찾으려고 노력하는 태도를 갖게 하는 것 역시 리더가 독려해야 할 것입니다.

이진훈 ｜ 현실 행정에서는 학습보다는 일이 가능한 방법을 찾는 노력을 통해 전문성을 기르는 방식이 더 유용합니다. 책이나 강의를 통해 배우는 데는 한계가 있으니까요. 어떤 과제에 직면하여 관련 지식과 논리를 익히고 과거의 사례를 찾아보는 것 자체가 공부입니다. 하나하나 알아가는 가운데 해결 방안을 찾아내는 실력이 길러집니다.

　저는 평소에 관심 분야의 이론적 동향이나 새로운 정보를 놓치지 않고 따라가려고 노력합니다. 권위 있는 칼럼이나 사설을 모으고 필요한 서적을 구입하여 읽는 식이지요. 경제, 환경, 공공정책 등 분야별로 새로운 경향과 지식을 습득하면서 사고의 지평을 넓혀가는 노력 말입니다. 평소에 이런 과정을 거치면서 머릿속에 아이디어가 저장됩니다. 이것이 유사시에 새로운 접근방법으로 탄생되는 것입니다.

정약용 ㅣ 결국은 창의성을 키워줘야 한다는 말씀이군요. 그렇다고 해도 법과 규정, 조직체계가 빡빡하게 얽힌 행정에서 창의성을 요구하기가 쉽지 않을 텐데요. 방례초본邦禮草本에서 저는 '오늘날 일을 막으려 하는 자는 입만 열면 조종祖宗께서 만든 법이니 의논해서는 안 된다고 하는데 조종의 법은 대부분 창업 초기에 만들어져 갈수록 많은 문제를 일으켰다. 이런 까닭에 거룩한 임금과 어진 신하가 조정 가운데서 비밀스레 꾀를 내봐도 이리저리 견제를 받다 보면 아무것도 못 하고 마니 이것이 고금의 공통된 근심거리다.'라고 했습니다. 상황이 바뀌는데도 관례나 관행에 막혀 일이 제대로 되지 않는 사정은 오늘날에도 사라지지 않았겠지요.

이진훈 ㅣ 그렇습니다. 법과 규정 속에서 이루어지는 행정에서의 창의성이란 기가 막힌 번뜩이는 아이디어를 말하는 게 아닙니다. 시대적 상황에 맞는 논리, 그 지역에서 적용할 만한 사례, 새로 제정된 법규, 새로운 공법 등 문제 해결을 좀 더 쉽게 할 수 있는 아이디어라면 모두 창의적이라고 할 수 있습니다. 이러한 태도가 모여서 일이 되도록 진행되는 것입니다.

수성구 대구대공원 지역은 공원으로 지정된 지 20년 넘게 개발되지 못하고 있습니다. 대구시의 재정적 한계가 주요 요인입니다. 관광단지로 개발하는 방안도 검토되었지만 주거용지를 포함할 수 없어 민간에서는 투자가치가 없다는 결론이 났습니다.

문제 해결을 위해 온갖 노력을 다한 끝에 찾은 법 규정이 민간공원 조성입니다. 공원용지 전체의 30%까지 주거용지 등 비공원시설로 개발을 허용하면서 나머지 용지를 공원으로 조성한 후 기부채납하는 방식입니다. 수성구의 주거선호도로 볼 때 이 방안이 실현가능한 방안으로 채택되었습니다. 중앙정부에서도 권장하고 있는데다 타 도시 사례도 있어 충분히 도입할 만한 방안이라고 생각합니다.

정약용 ㅣ 일반적으로 생각해서는 당연한 일 같지만 재정 문제 걱정 없이 민간투자 유치로 가능한 방향을 찾아냈으니 그 역시 창의적이라고 할 수 있겠습니다. 여건에 꼭 맞는 접근방법을 찾아낸다는 것이 쉬운 일은 아닐 테니까요. 성공적으로 사업이 추진되어 훌륭한 시민 휴식 공간이 조성되었으면 좋겠습니다.

좋은 결과 내는 일하기
|
공로는 실무자, 책임은 리더

이진훈   일을 하는 사람이라면 누구나 자기가 하는 일에서 좋은 결과를 내고 싶어 합니다. 특히 어떤 일을 주도하거나 조직을 이끄는 리더라면 더욱 더 결과에 매달리지요. 저 역시 '더 좋은 결과를 내는 일하기'가 일이 되도록 하는 행정에서 빼놓을 수 없는 요소로 보고 있습니다.

정약용   똑같은 일이라도 누가 어떻게 하느냐에 따라 결과는 큰 차이를 보이지요. 심지어 정해진 절차를 그대로 따라 하는 일도 결과가 달라질 수 있는 게 세상 일의 이치입니다. 이러한 차이에 결정적 영향을 미치는 것은 결국 일을 끌고 가는 리더입니다.

이진훈 | 그래서 저는 작은 일이든 큰 일이든 목표, 사람, 과정 세 가지를 관리하는 데 역점을 둡니다. 일의 목표를 어디에 두느냐를 가장 먼저 판단하고, 그 일에 가장 적합한 사람이 누구냐를 고민해서 역할을 맡기고, 일이 진행되는 과정을 세세히 살피면 결과는 좋을 수밖에 없다고 생각하기 때문입니다.

정약용 | 목표에 대한 판단은 역시 리더의 몫이지요. 구성원들은 리더가 세운 목표가 적절하든, 지나치든 따를 수밖에 없으니 리더가 실상을 얼마나 제대로 파악하고 실현 가능한 범위에서 최대의 목표를 정하느냐가 일의 결과를 좌우하는 관건입니다.

이진훈 | 수성못 정비 사업의 경우 이용 실태를 분석한 다음 미래지향적 목표를 정했습니다. 쾌적한 휴식공간으로 조성하되 문화적 향기가 나는 호수로 탈바꿈시켜 수성구의 랜드마크로 만들자는 것이었습니다. 모든 설계 개념이 여기에 맞춰졌습니다.

그 결과 수성못은 대구에서 가장 많은 시민들이 모여들고 젊은이, 가족들이 즐겨 찾는 곳이 되었습니다. 맑은 물에서 느껴지는 쾌적성, 버스킹 공연 문화에서 느끼는 일상의 즐거움, 주변 카페에서 보는 경관의 만족감 등 정서적 효과가 엄청났으며 주변 상권 활성화, 투자 활성화 등 경제적 성과로까지 이어졌습니다.

정약용 ｜ 일에 가장 맞는 사람을 골라 역할을 맡기는 것도 리더의 중요한 책임입니다. 일과 관련해 가장 역량이 뛰어난 사람을 찾는 것, 그런 사람이 마땅하지 않다면 차선을 택하되 일 하는 과정에서 역량을 키울 수 있도록 도와주는 것, 일의 결과에 대한 상벌을 분명히 하는 것이 리더에게 요구되는 거지요.

이진훈 ｜ 인사가 만사라고 하는 말은 적임자를 찾는 일이 그만큼 어렵다는 데서 나온 말이겠지요. 연공서열이나 친소 관계 같은 개인적 요소에 좌우되기보다는 일의 성격과 사람의 능력, 성품 등에 맞추어 인사를 하는 것이 중요합니다.

　그러나 늘 그 일에 꼭 맞는 사람을 찾기란 여간 어려운 일이 아닙니다. 그래서 말씀대로 차선책을 택한 후 인력을 보강하거나 좀 더 관심을 가지고 살펴서 일의 성숙도를 높이도록 독려하기도 합니다. 일은 부서 단위로 이루어지므로 팀원 전체가 팀워크를 이루어 일하는 과정에서 역량이 높아지도록 관리하는 것도 중요합니다.

정약용 ｜ 일이 진행되는 과정에 대해 관리하는 것은 대단히 중요하지만 복잡하고 다양한 일 속에 놓여 있는 오늘날 지방의 리더로서는 하나하나 챙기기가 쉽지 않을 텐데요?

이진훈 ｜ 부서별로 강약을 가늠하고 취약점을 보완할 수 있도록 점검하고 지원하는 것을 잊지 말아야 합니다. 과정 관리를 소홀히 하면 뜻하지 않게 낭패를 볼 수 있으니까요. 적당히 포장하여 결과를 미화하다가는 새로운 문제를 야기할 수도 있습니다. 최선을 다해 챙기되 결과에 대해 상벌로써 책임성을 확실히 하는 것도 중요합니다. 열심히 일하고 성과를 내는 직원에게는 인사 혜택이나 금전적 보상이 뒤따라야 조직의 역동성이 확보됩니다.

여기서 중요한 것은 결과를 평가하는 리더의 자세입니다. 목표에 따라 적절한 과정 관리를 했는데도 좋지 않은 결과가 나올 경우가 가장 문제이지요. 이때 리더가 앞장서서 책임을 지는 모습을 보일 필요가 있습니다. 그래야 결과에 대한 두려움 없이 자신의 일에 열정과 용기를 가지고 뛰어드는 분위기가 생길 수 있습니다.

미국의 링컨 대통령은 남북전쟁의 향방을 가른 게티즈버그 전투를 앞두고 지휘관인 조지 미드 장군에게 이런 편지를 보냈다고 합니다. '이 전투가 승리한다면 그것은 모두 당신의 공로입니다. 그러나 실패한다면 그 책임은 모두 내게 있습니다. 만약 작전이 실패한다면 장군은 대통령의 명령이었다고 말하고 이 편지를 모두에게 공개하십시오.' 좋은 결과를 거두려면 바로 리더의 이러한 태도가 뒷받침돼야 하지 않겠습니까.

삶을 변화시키는 정치
|
정치는 비전 실현의 과정

정약용　실사구시 리더십으로 '일이 되도록 하는 행정'과
함께 '삶을 변화시키는 정치'를 이야기하셨는데 선거를 통
해 리더를 선출하는 지방자치시대에 행정과 정치가 어떤
면에서 차이가 있는지에 대한 견해부터 나눠 볼까요?

이진훈　사람들이 모여 사는 사회, 특히 산업화와 도시화
를 이룬 사회에서 행정과 정치는 기본적인 작동 요소입니
다. 시민들의 행복을 위한다는 점에서 행정과 정치가 지향
하는 바는 같지만 행정은 과정 중심, 정치는 가치와 결과 중
심이라는 점에서 차이가 있지요.

　변화의 방향을 정하고(정치), 그에 따라 집행해 나가는(행정)

가운데 사회가 발전해 가는 것이지요. 정치가 행정을 리드해 소기의 목적을 추구하는 양태로 작동되므로 결과에 대한 책임을 묻는 방편으로 정치인의 선임은 선거로 시민들이 직접 하고, 행정은 안정된 직업공무원에게 맡깁니다.

정약용 ㅣ 저는 목민심서 부임에 관한 글 첫머리에 '다른 벼슬은 구해도 좋으나 목민의 벼슬은 구해서는 안 된다.'고 밝혔지요. 수령의 직분은 좋은 뜻을 가지고 이를 제대로 이룰 수 있어야 한다는 의미입니다. 뜻이 좋지 못하거나 좋은 뜻을 갖고도 제대로 할 수 없다면 그로 인한 부작용이나 피해는 고스란히 백성들에게 돌아갑니다. 이런 사람은 목민의 벼슬을 구해서는 안 되지요.

이진훈 ㅣ 오늘날 역시 마찬가지입니다. 지역에 맞는 가치를 창출하고 성과를 이끌어내 주민들에게 공평하게 배분함으로써 삶의 질을 높이는 것이야말로 주민의 지지를 통해 리더가 된 사람의 책무입니다. 대중의 인기에만 영합하는 사람, 비전이 불확실한 사람을 잘못 뽑았다가 지역의 발전은 퇴보하고 삶의 질은 오히려 떨어지는 경우가 허다합니다. 그럼에도 선출만 되면 임기를 보장받으니 리더의 역량에 따라 지역 간 불균형이 심화되고 있습니다.

정약용 ㅣ 과거의 수령들은 임금으로부터 중앙 관료들, 감사나 관찰사, 목사 등 지휘계통이 뚜렷해 잘못을 저질러도 이내 바로잡거나 파직 등 징계를 받았는데 오늘날에는 기초지방자치단체까지 선거가 이루어지면 잘못된 게 있어도 개선이 쉽지 않겠군요.

이진훈 ｜ 지방의회나 감사제도가 있긴 하지만 심각한 불법행위를 저지르지 않으면 선출직 리더의 역량이 아무리 부족하고 잘못된 방향으로 나간다고 해도 임기 동안은 제재하기가 쉽지 않습니다. 게다가 임기 말이면 다음 선거에서 다시 당선되기 위해 인기에 편승한 정책이나 홍보에만 치중해 지역의 발전이나 주민의 삶의 질을 외면하는 경우도 많습니다.

특히 지역의 장기적 발전이나 성장, 삶의 질에 결정적인 영향을 미치는 정책들은 제때 입안되고 추진되어야 하는데 시기를 놓치면 심각한 문제가 생깁니다. 달성공원에 있는 동물원만 해도 서울은 오래 전에 창경원에 있던 동물원을 이전하고 창경궁으로 복원하였는데, 대구는 아직도 해결하지 못해 달성토성 복원이 이루어지지 못하고 있습니다. 위천산업단지가 표류하면서 지역 기업들이 역외로 이전하고 산업구조 개편이 제때 이루어지지 못했고, 농수산물도매시장 이전도 이전지역 선정 갈등 문제를 풀지 못해 표류하고 있습니다.

신공항 건설은 대구시로서는 명운이 걸린 과제였는데 두 번씩이나 뜻대로 이루어내지 못하고 대구시민들이 잘 이용하고 있는 민간공항의 이전이라는 내키지 않는 선택을 하는 지경으로 몰리게 되었습니다. 중앙정부의 영향력에 의해 결정된 측면이 강한데, 지역 인사들의 중앙정치권 진출이 압도적인 정치 상황을 감안해 보면 대구를 이끌어왔던 정치인들에게 책임을 묻지 않을 수 없습니다.

정약용 ｜ 지역의 가치 창출과 삶의 질 향상을 위해서는 지역의 총체적 역량을 잘 결집시키고 사안에 따라 적절히 투입하는 리더의 지혜도 필요하다고 봅니다. 그래야 비전을 달성하고 성과를 배분하는 일도 가능하지 않겠습니까?

이진훈 ｜ 그렇습니다. 지역의 강점을 살리고 시대적으로 적절한 비전을 설정하는 것이 중요합니다. 수성구의 교육문화도시 비전은 주민들로부터 호응도 있고 성과도 있었습니다. 창의체험학습 강화, 자유학기제 시행과 발맞추어 교육지원시스템을 강화하고 집 가까운 곳에 도서관을 만드는 '4+6α도서관 확충' 목표를 세워 추진하고 있습니다. 임기 초에 평생교육과를 만들고 최근에는 교육문화국을 만들어 행정력과 재정력을 집중적으로 투입하고 있습니다. 그 과정에서 구의회의 전폭적인 협력과 국·시비 확보를 지원한 정치권의 협조도 주효했습니다.

정약용 ㅣ 결국 '삶을 변화시키는 정치'를 위해서는 주민들에게 명확한 비전을 심어주고 행정공무원들이 역량을 발휘할 수 있도록 동기와 기회를 부여하는 리더가 절실하겠습니다.

이진훈 ㅣ 20년 넘는 지방자치 기간 동안 제시한 비전의 내용이 좋지 않아 실패한 리더는 거의 없을 것입니다. 문제는 지역의 현실과 미래, 주민의 요구에 부합하는 비전을 세우고 주민들이 비전 달성 과정에 즐거이 동참할 수 있도록 만드는 일입니다. 주민들의 삶의 변화를 이끌어낼 수 있어야 제대로 된 정치가 아니겠습니까?

이를 위해 저는 자부심 높이기, 역동성 키우기, 행복감 주기 세 가지를 핵심 과제로 설정하고 있습니다. 자부심이 있어야 지역에 애착을 가집니다. 사회적·경제적 역동성이 있어야 지역이 발전적으로 변해 갑니다. 결국 주민들이 행복하게 느껴야 좋은 지역이라고 할 수 있지요. 따라서 정치는 이 세 가지 요소에 긍정적인 효과를 낼 수 있도록 이루어져야 합니다. 주민들의 삶, 생활이 나아지는 방향으로 변화되도록 하는 것이 정치의 목표가 되어야 합니다.

정약용 ｜ 타당한 말씀입니다. 리더가 갖추어야 할 역량이자 의무라고 할 수 있겠지요. 저는 목민심서 해관解官편에서 '수령직은 반드시 교체가 있기 마련이다. 교체되어도 놀라지 말고 벼슬을 잃어도 연연해하지 않으면 백성들이 존경할 것이다.' 라고 강조했습니다. 개인의 입신출세를 위해 선출직이 있는 게 아닐 것입니다. 지역을 발전시키고 주민들에게 행복감을 주는 일에 성과가 부족하다면 자리에 연연하지 않아야 할 것입니다.

자부심 높이기

"수성구에 사는 게 자랑스럽습니다"

정약용 　삶을 변화시키는 정치를 이루기 위한 리더의 과제로 자부심 높이기를 가장 먼저 제시했는데, 어떤 의미를 담고 있는 것입니까? 조선시대 목민관이 들으면 다소 생소하겠는데요.

이진훈 　국가든 도시든 마을이든 어떤 공동체라도 자부심이 없으면 존재가 어렵습니다. 자부심이 있어야 자랑스러움과 자신감이 생기고 공동체에 긍정적인 기운이 조성됩니다. 자부심이 없으면 냉소주의와 패배주의, 무관심과 비난만 남습니다. 구한말 신채호 등 선각자들이 우리 역사관 정립에 노력한 것도 자부심을 높여 일본에 대한 우월감을 심어줌으로써 나라와 민족을 지키기 위해서였습니다.

정약용 ㅣ 그렇지요. 조선시대에도 국가적 자긍심을 높이기 위한 노력은 계속되었다고 할 수 있습니다. 그런 노력들이 활발하게 추진되고 성과를 낸 시기에는 국가가 발전하고 백성들도 좋은 나라에서 산다는 자부심이 있었지요. 반대의 시기에는 백성들의 삶이 고되고 고통이 커서 자부심을 느낄 겨를도 없었습니다.

이진훈 ㅣ 국가적으로 기념할 만한 역사나 일, 인물 등에 대해 기념행사를 하고 기념물을 만드는 것이 대표적이겠지요. 세종대왕께서 한글을 창제하신 것도 후손들에게는 크나큰 자부심을 준 일입니다. 문제는 국가를 경영하는 중앙정부는 국민들의 자긍심을 높이기 위해 많은 노력을 하지만 지방정부는 상대적으로 취약하다는 점입니다. 말씀대로 왕조시대에는 국가나 왕의 권위를 높이는 일이 중요했지만 지방 스스로 발전하고 경쟁해야 하는 지방자치시대에는 지방 단위로도 자부심을 높일 수 있는 노력을 기울여야 합니다.

정약용 ㅣ 지방 단위에서 큰 기념물을 만들고 행사를 벌이는 일은 오히려 낭비적인 요소가 크지 않을까요?

이진훈 ㅣ 그렇습니다. 주민들 스스로 주인의식과 권리의식을 갖게 만들고 자부심을 심어주는 일은 보여주기식이 아니라 작은 일에서도 가능합니다. 예를 들어 단체장이 주민들이 있는 현장을 방문해 이야기를 들어주고 대화하는 것만으로도 좋은 지역에 산다는 자부심을 길러줄 수 있습니다.

정약용 | 백성들 입장에서는 신문고를 쳐서 자신의 억울함을 호소하는 것만으로도 위로가 되고 어느 정도는 만족감을 느꼈으니 작은 일도 중요하다고 할 수 있겠지요.

이진훈 | 국사 교육이 중요하듯 지역 단위 역사도 중요합니다. 대구에서는 달성토성 복원과 선사시대 역사 발굴 등 대구의 연원 찾기부터 서울, 평양과 함께 3대 도시로 불렸던 조선시대, 근현대 대구의 역할과 발전 등에 대한 연구와 알리기 작업이 필요합니다. 고유한 역사와 전통에 대한 이해는 시민들에게 정체성을 확립시키고 자부심을 고양시킵니다. 대구학 정립이 절실한 이유이지요.

지역을 상징할 수 있는 공간이나 건축물 등도 자부심에 적잖은 영향을 미칩니다. 스스로 자랑스러워할 수 있고 다른 지역 사람도 구경하러 온다면 그 공동체는 자부심으로 하나가 될 수 있겠지요. 대구의 역사와 연관된 사례로 본다면 국채보상기념공원이나 2.28기념공원 등이 있습니다. 공원으로 명명하고 기념관도 만들었지만 후속조치가 약하고 시민들이 자랑스러움을 공유하는 과정도 부족합니다. 실질적인 참여와 소통의 방식을 통해서 시민들의 마음속에 체화되도록 함으로써 비로소 자부심으로 연결시킬 수 있을 것입니다.

정약용 ㅣ 지역의 경제를 활력 있게 만들고 환경이나 생활 편의시설 등 삶의 질과 직결된 부분을 개선하는 것도 자신이 사는 지역에 대한 자부심을 높일 수 있는 방안입니다.

이진훈 ㅣ 수성못 명소화 사업은 랜드마크를 통한 자부심 고취와 경제 효과라는 두 마리 토끼를 쫓은 것입니다. 당초 수질 개선을 위한 환경부 예산으로 100억 원이 책정돼 있던 것을 2010년 취임해 문화적인 요소를 대폭 확충하는 쪽으로 전환했습니다. 환경부의 반대가 거셌지만 면밀한 조사를 통해 막대한 예산이 소요되는 바닥 준설을 일단 유보하는 대신 인근 신천의 물을 끌어오는 관로를 더 키워 정비하고, 부유물질로 문제가 되어온 유람선을 없애는 선에서 수질 개선은 충분하다고 판단해 오히려 실행예산을 줄이겠다는 계획으로 설득했습니다. 시멘트 호안은 풀과 꽃나무를 심을 수 있도록 친환경적으로 바꾸었으며, 유람선 선착장을 재활용하여 수상무대를 만들었습니다. 또 데크와 계단, 소공연장을 현대적 감각의 디자인으로 만들어 문화적인 친수공간이 되도록 바꾸었습니다.

2014년 공사를 마치고 공개했는데 효과는 기대 이상이어서 젊은 연인들이 즐겨 찾는 활기찬 곳으로 변모되었으며, 버스킹 공연이 자연스럽게 이루어지면서 연 이용객이 천만 명을 넘는 엄청난 공간이 되었습니다. 주변 상권 활성화라는 큰 변화도 유발시켜 투입 예산의 10배가 넘는 민간 투자를 이끌어냈습니다. 좋은 공공시설을 만듦으로써 주민들이 행복해 하고, 다른 지역에서 사람들이 찾아오고, 경제 효과까지 거두어 수성구의 자부심을 높였다고 할 수 있습니다.

정약용 ㅣ 자부심을 떨어뜨리는 요소들을 제거하는 일도 그만큼 중요하겠지요?

이진훈 ㅣ 그렇습니다. 부정적 인식과 패배의식을 깨뜨리기 위한 노력도 병행되어야 합니다. 일반적인 시각과 노력으로는 어려운 일입니다. 예를 들어 대구의 1인당 GRDP가 20년 이상 전국 꼴찌에 머물고, 잦은 대형사고로 인해 대구라는 도시에 오명이 덧씌워짐으로써 시민의 자부심에 손상을 입히고 있는데 제대로 대처하고 있는지 짚어봐야 합니다.

대구 인구가 다른 도시에 비해 상대적으로 덜 줄어든 것이나 시민들의 개인소득 측면에서는 전국 6위 수준에 있는 점 등 시민들의 경제적 활동역량을 높게 평가해야 할 측면이 있음도 고려해야 합니다. 시민들의 광역적 경제활동을 지원하고 GRDP를 높이는 노력을 통해 충분히 과거의 위상 회복이 가능하다는 미래지향적 비전 제시가 필요한 시기입니다.

마찬가지로 대구 섬유의 몰락이 대구 시민의 자부심에 영향을 미칠 만큼 심각했느냐를 생각해 볼까요. 산업의 발전 단계에서 자연스러운 구조조정 과정으로 이해하고 신산업 육성에 힘을 모아가면 될 일을 마치 대구가 망할 것처럼 지나치게 부정적 여론이 조성되어 시민들의 자부심을 떨어뜨리고 도시 발전에 마이너스가 되는 결과를 낳았습니다.

시민들이 패배감을 갖지 않도록 원인 분석과 함께 미래 비전을 제시하고 대안을 찾는 노력을 적극적으로 했다면 지금과 같은 부정적 기류는 많이 줄었을 것입니다. 대구의 위상을 상징하는 대구시 신청사 건설 대안을 찾는 일도 마찬가지 차원에서 시급한 일입니다.

정약용 ㅣ 어떠한 공동체든 구성원들이 냉소나 자기 비하 쪽으로 가게 되면 패배주의로 기울어 결국 공동체의 존립이 위태로워질 것입니다. 자부심 높이기가 정치적 측면에서 지방 리더에게 주어진 핵심 과제라는 말씀에 충분히 공감이 갑니다.

역동성 키우기
|
경제로 도시를 춤추게 한다

이진훈　　선생은 목민심서에서 '옛날의 현명한 수령은 부지런히 농사를 권장하는 것을 자기의 명성과 공적으로 삼았으니 농사를 권장하는 것은 수령의 으뜸가는 책무이다.'라고 하셨습니다. 가정경제가 풍요로운 것이 행복의 기본조건이라는 의미겠지요.

정약용　　그렇습니다. 백성들이 먹고 사는 문제만 해결되어도 고을에는 활기와 인정이 넘쳐나고 범죄가 줄어들게 마련이지요. 농사를 권장하는 요체는 세를 덜어주는 일입니다. 묵정밭이 있다면 수령은 반드시 백성들에게 소를 빌려주고 양식을 도와주면서 개간하도록 권하고 3년간 세를 면해 주어 개간하는 자가 늘어나게 해야 합니다. 이렇게 해야 토지가 넓어지고 백성들의 삶의 근본이 충실해져 비로소 행복이라는 말을 떠올릴 수 있는 것이지요.

이진훈 | 저는 맹자께서 말씀하신 무항산 무항심無恒産 無恒心의 의미를 자주 되새깁니다. 백성들이 경제적 안정을 갖지 못하면 바른 마음을 가질 수 없어 방탕하고 부정하며 죄를 범하게 되므로 백성들이 배부르게 먹고 따뜻하게 지내도록 하면 왕도의 길이 열린다는 말씀이지요.

오늘날에도 마찬가지입니다. 민심은 살림살이에 민감하기 때문에 지역의 리더라면 지역 경제를 성장시켜 개인소득의 증가로 이어지도록 만드는 일이 최우선입니다. 시민들에게 행복을 주고 활력을 불어넣어 역동성이 넘치는 도시가 되게 하는 근본이라고 할 수 있습니다. 섬유산업을 위시한 경제 활성화 덕분에 역동성이 넘치는 도시로 평가받던 1970년대 대구의 모습과 외환위기, 금융위기를 거치면서 경제가 추락해 활기를 잃은 현재 대구의 모습을 비교하면 그 중요성을 쉽게 알 수 있지요.

정약용 | 과거에는 농사와 양잠, 목축을 장려하고 세를 가볍게 해 주는 것으로 백성들의 삶에 활기를 불어넣었는데 오늘날에는 어떤 방식으로 사람들과 지역에 역동성을 일으

키고 있는가요?

이진훈 ㅣ 창의적 아이디어와 기술이 가치 창출의 기반이 되는 사회가 되었습니다. 고부가가치를 창출하는 기업이 도시 경제의 역동성을 견인합니다. 따라서 역동성을 키우기 위해서는 창조적 도시환경이라는 토대를 구축해야 합니다. 도시의 비전과 정체성에 대해 신념을 갖고 창조적 환경을 만드는 리더십, 공공부문 구성원의 능동성을 이끌어내는 조직문화, 교류가 일상화되는 공간과 시설, 전문 지식을 갖춘 사람들이 소통하고 역량을 나누면서 창의성을 발현할 수 있는 네트워크, 이 모든 것들을 뒷받침하는 시민들의 자부심과 개방적 사고가 4차 산업혁명 시대에 역동성의 핵심 키워드라고 할 수 있습니다.

지역 경제는 지역 경쟁력에 달려 있습니다. 비용이 낮거나 차별화된 제품이나 서비스를 만들어내야 지역의 경제가 역동성을 가질 수 있습니다. 상품의 생산과 교류가 늘어나고 인재가 몰려들고 경제 볼륨이 커지면서 기업의 성장을 통해 개인소득이 늘어나는 선순환구조가 형성됩니다. 여기서 기업의 경쟁력, 지역의 역동성은 창의성이 핵심입니다. 도시 경영자인 지방자치단체장은 그 지역의 창조적 혁신과정을 관리하고 창조적 도시환경을 조성하며 개방적 시민의식을 고양하기 위해 힘써야 합니다.

정약용 ｜ 이러한 토대가 어느 정도 밑받침된다고 해도 일관되고 효과적인 정책 추진을 위해서는 정책의 방향이나 기조가 확립되어 있어야 한다고 보는데요?

이진훈 ｜ 지역 경제 정책을 경제부서의 일만으로 생각해서는 안 됩니다. 지역의 역동성이 창조적 도시환경 속에서 키워진다고 하는 것은 행정을 비롯한 모든 공공부문 구성원들의 활동과 역할이 이와 관련이 있기 때문입니다. 정치 부문도 예외일 수 없습니다. 지역 성장을 앞장서 개척해가는 방향타 역할을 해야 합니다. 저의 경험으로 볼 때 지역의 역동성은 세 가지 요소 즉 내발성, 신속성, 효과성에서 나옵니다.

지역의 자원을 최대한 활용하는 내발성, 정책 추진의 우선순위에 따라 지역 역량을 효율적으로 투입하는 신속성, 우수한 성과를 창출하고 이를 일자리로 연결시키는 효과성, 이 세 가지가 정책 추진의 기조가 되어야 한다고 봅니다. 지역의 강점을 토대로 하지 않은 정책은 생명력이 약합니다. 지역의 역사, 자연, 인재, 산업, 주민 요구 등 꼭 해야 하거나 잘 할 수 있는 분야와 세계적 경제 발전 추이를 면밀하게 분석하면 도전할 만한 정책 과제를 도출해낼 수 있을 것입니다. 이것이 내발성입니다.

경제정책은 총체적 지역 역량을 결집하여 빠른 속도로 진행되도록 해야 합니다. 리더가 방향을 올바로 설정하고 강력하게 뒷받침해야 합니다. 그래야 성과가 나옵니다. 그 성과는 결과적으로 일자리로 귀결되어야 합니다. 개인소득과 연결하는, 특히 청년 일자리, 저소득층 일자리를 연결하는 데까지 신경 써야 합니다. 여기에서 역동성이 살아납니다.

행복감 주기
불행해질 요인이 없어질 때까지

정약용　삶을 변화시키는 정치를 위한 세 번째 과제로 행복감 주기를 꼽으셨는데 백성들의 삶을 행복하게 만드는 것이 실사구시의 궁극적 지향점이 아닐까 합니다.

이진훈　그렇습니다. 행복은 헌법으로 보장된 개인의 권리인 동시에 정부가 존재하는 목적이자 정부에게 주어진 최고의 과제입니다. 저는 수성구청장 첫 취임사에서 톨스토이의 단편소설 '세 가지 질문'을 인용했습니다. '가장 중요한 시간은 언제인가? 가장 중요한 사람은 누구인가? 가장 중요한 일은 무엇인가?' 저는 그 답으로 가장 중요한 시간은 지금이고, 가장 중요한 사람은 함께 있는 사람이며, 가장 중요한 일은 지금 함께 있는 사람을 행복하게 해 주는 일이라고 답했습니다. 그 질문과 대답이 제가 자치단체장으로 일하는 의미이자 목적입니다.

정약용 ㅣ 저는 '원정原政'에서 논어의 '정政은 바르게 하는 것'이라는 말을 토대로 토지의 균분, 재화의 유통, 겸병의 방지, 상벌을 통한 사회정의의 실현, 인재의 등용, 자원 관리를 통한 사회적 수요의 충족 등을 이루는 것이 '정政'이라고 밝힌 바 있습니다. 정치가 제대로 이루어지지 못하면 백성들이 경제적으로 궁핍해지고 국가 재정이 부족해지며 수취구조가 악화돼 민심이 이반되는 과정을 통해 나라가 망하게 됩니다. 정치경제적 법과 제도를 확립해 백성들의 삶을 행복하게 해 줘야 바른 정치라고 할 수 있지요.

이진훈 ㅣ 시민들이 느끼는 행복은 소득과 연관이 있지만 그것만으로 행복감을 느끼는 것은 아니라고 봅니다. 의식주 외에도 안전이나 건강, 사회적 인정, 자아실현 등 다양한 요소들이 행복에 영향을 미칩니다. 리더의 입장에서는 모든 측면을 두루 고려해 이끌어 나가야 하지만 우선은 불행해지는 요인을 제거하는 것이 첫째라고 봅니다. 사고나 질병, 경기 불황 등에서 오는 빈곤과 가족 해체를 막기 위해 기초 생활을 보장해주는 데 많은 예산을 투입하는 이유입니다.

정약용 ㅣ 제가 목민심서 12부 가운데 특별히 '진황賑荒'을 11부에 두고 흉년이나 재난 등의 시기에 민생을 안정시키는 계획과 방법에 대해 세부적으로 설명한 것도 같은 취지입니다. 또한 더 가진 사람들이 불행에 빠진 사람들에게 나누어주는 권분勸分을 강조했지요.

이진훈 ㅣ 저 역시 나눔의 문화를 확산시키는 데 힘을 쏟고 있습니다. 정부가 예산을 투입해 추진하는 복지를 시스템복지라고 한다면, 마을마다 서로 나누고 봉사하는 복지활동을 나눔의 문화라고 할 수 있을 것입니다. 지방자치단체장은 더 많은 사람이 이런 나눔에 동참하도록 권장하고 격려하며 인정해주는 노고를 아끼지 않아야 합니다.

시스템복지라고 해도 완벽하게 현장에서 작동되지 못하는 것이 현실입니다. 개개인의 사정이 다르니까요. 자식이 일정한 소득을 얻는다고 하지만 부모에게 보탬이 되지 못하는 경우가 있습니다. 온 집안 식구들이 모두 질병으로 고통받고 병원비를 감당하지 못하는 경우도 있습니다. 부모가 갑자기 이혼을 하거나 기업 부도, 해고로 인해 자식들이 학교 다니기가 어려워지기도 하고 끼니 걱정을 할 수도 있습니다. 독거노인들은 고독과 식사 문제에 봉착하게 됩니다. 수성구에서는 일찌감치 희망복지위원단을 과 단위로 만들고 동 단위까지 희망나눔위원회를 만들어 이러한 도전적 과제들에 대응하고 있습니다.

정약용 ㅣ 백성의 기초적인 생활을 보장하고 경제를 활성화시켜 일정 수준 이상의 소득을 올려 행복감을 주는 일이 바른 정치의 지향점이겠지만 자아실현이나 여가활동 등 행복을 더해주는 일도 중요할 것입니다.

이진훈 ㅣ 오늘날과 같은 고도산업사회에서는 인간으로서 품격 있는 삶을 영위할 수 있도록 여건을 만들어주는 것도 정치행정의 중요한 역할입니다. 은퇴 후 여가 활동을 겸한 일자리, 경력단절 여성들을 위한 일자리 만들기로 삶의 품격을 높여야 합니다. 일과 가정의 양립을 위해 어린이집의 질적 수준을 높이고, 여성들의 문화생활 수준을 높이기 위한 프로그램도 늘려나가야 합니다.

어린이공원과 근린공원 조성을 촉진하고 하천이나 연못 같은 공간을 친환경적으로 가꾸고 등굣길 등 보행환경을 안전하게 보강하는 일도 일상의 행복감을 더해 줍니다. 평생학습을 위한 시설과 프로그램 확대에 힘쓰고, 도서관과 청소년활동 인프라도 늘려나가야 합니다. 마을 단위 취미생활 동아리 활동도 활성화시키고 자생적인 커뮤니티 활동도 늘려나가야 합니다.

주민들이 삶의 질에 얼마나 만족하는지 세부적으로 조사해 정책 수립의 자료로 활용하는 방법도 효과적입니다. 수성구청이 매년 진행하는 조사에 따르면 수성구민의 3분의 2 정도가 생활에 만족을 느낀다고 답하고 있습니다. 전국 단위 조사를 보면 200개가 넘는 기초자치단체 가운데 10위권 내에 들고 있습니다. 교육과 주거 분야 만족도가 높은 반면 경제와 공동체 의식 분야에서는 만족도가 낮은 상태여서 향후 과제로 삼고 있습니다.

실사구시 리더
|
한글과 거북선을 가슴에 품고

이진훈　지금까지 긴 시간에 걸쳐 실사구시의 의미와 리더 십에 대해 이야기를 나누었습니다. 과거와 현재를 오가면 서 행정과 정치가 추구해야 할 길을 찾아보는 유익한 시간 이었습니다. 고난의 삶 속에서도 평생을 실사구시에 몸 바 치신 선생의 말씀은 저에게 금과옥조가 되었습니다. 앞으 로도 선생의 뜻을 새기고 실천하는 데 온 마음과 힘을 쏟을 것입니다.

정약용　저에 대한 과분한 말씀 감사합니다. 역사 속에서 훌륭하게 실사구시를 실천한 분들이 참으로 많으니 스승 으로 삼을 만하지요. 선생은 어떤 분을 존경하는지 궁금하군요.

이진훈 ┃ 실사구시 측면에서 인정하고 존경할 분은 참으로 많지만 저는 세종대왕과 이순신 장군을 먼저 꼽고 싶습니다. 조선의 번영과 위기 극복 과정에 탁월한 역량을 보이신 분들이지요. 두 분 모두 백성들의 삶에 집중하여 핵심적인 과제를 소명으로 인식했다는 점에서 위대하다고 생각합니다. 사람들의 삶을 변화시키고자 하는 소명의식이야말로 실사구시의 출발점입니다.

한글이 없었다면 우리나라가 그 많은 외침으로부터 살아남을 수 없었을 것입니다. 오늘날의 한류 문화가 세계화되는 현상도 한글의 우수성에서 비롯된 민족적 자부심에 기반하고 있다고 봅니다. 이순신 장군의 탁월한 전략과 거북선 만들기, 강력한 훈련 등 철저한 준비 자세는 위기 상황에 지도자가 갖추어야 할 리더십에 대해 분명한 기준을 갖게 해 줍니다. 수많은 견제와 부당한 대우에도 소명에 충실하고자 했던 장군이야말로 불멸의 리더라고 봅니다.

두 분 모두 방향을 옳게 잡고 면밀하게 현실을 분석했을 뿐만 아니라 과학적, 창의적으로 일에 접근하고 계획을 세워 확실하게 추진한 실사구시 리더의 전형이라고 할 수 있겠지요.

정약용 │ 그렇습니다. 세종대왕과 이순신 장군의 리더십은 원칙과 실리를 중시하고 현장을 우선하며 창의성과 실천력으로 일이 되게 만들었다는 데 우월성을 가지고 있다고 할 수 있지요. 오늘날 리더 가운데는 어떤 분을 존경하고 계시는지요?

이진훈 │ 20세기의 가장 위대한 영혼이라고 불리는 인도의 간디를 존경합니다. 인도의 독립이라는 소명을 이루기 위해 비폭력 무저항이라는 투쟁 방법을 선택해 기어코 성취해 냈으니까요. 진리를 찾기 위해 끊임없이 노력하면서 무욕의 사상과 무소유의 공동체를 실천한 점, 독립이라는 목적을 위해 가장 힘든 비폭력의 방식을 끝까지 지키고 결과를 끌어낸 점 등에서 현실 파악과 창의적 사고, 치밀한 계획과 실천을 통해 최고의 성과를 낸 실사구시 리더라고 생각합니다.

정약용 │ 과연 그렇군요. 마지막으로 '일이 되도록 하는 행정, 삶을 변화시키는 정치'를 추구하는 선생의 뜻이 현실 속에서 잘 이루어지기를 바란다는 말씀으로 인사를 대신하겠습니다.

이진훈 │ 목민심서의 책명을 심서心書로 붙이며 아쉬워하신 선생에 비하면 실제 현실 속에서 행정과 정치를 할 수

있는 저는 참으로 행복한 사람이라고 생각합니다. 선생이
남기신 뜻을 항상 가슴에 새기며 훌륭한 목민관이 되도록
노력하겠습니다. 감사합니다.

| 참고문헌 |

· 박석무, 『다산 정약용 평전』, 민음사, 2014.

　　　　『유배지에서 보낸 편지』, 창작과 비평사, 1994.

　　　　『풀어쓰는 다산이야기』, 문학수첩, 2005.

· 이덕일, 『정약용과 그의 형제들』, 다산초당, 2012.

· 정민, 　『다산선생 지식경영법』, 김영사, 2006.

　　　　『다산어록청상』, 푸르메, 2007.

· 구만옥, 「다산 정약용의 천문역법론」, 『다산학』 10호, 다산학술문화재
　　　　단, 2007.

· 금장태, 「다산의 仁 개념의 인식과 실천」, 『다산학』 7호, 다산학술문화
　　　　재단, 2005.

· 김영식, 「정약용 사상과 학문의 '실용주의적' 성격」, 『다산학』 21호, 다
　　　　산학술문화재단, 2012.

· 김태영, 「茶山 經世論에서의 王權論」, 『다산학』 창간호, 다산학술문화
　　　　재단, 2000.

　　　　「다산의 통치법제와 통치이념론」, 『다산학』 22호, 다산학술문
　　　　화재단, 2013.

· 손흥철, 「다산학의 재조명을 위한 시론」, 『다산학』 15호, 다산학술문화
　　　　재단, 2009.

· 송재소, 「다산의 四言詩에 대하여」, 『다산학』 6호, 다산학술문화재단,
　　　　2005.

· 안병직, 「다산과 체국경야」, 『다산학』 4호, 다산학술문화재단, 2003.

· 오상학, 「다산 정약용의 지리사상」, 『다산학』 10호, 다산학술문화재단,
2007.
· 이봉규, 「四書 해석을 통해 본 정약용의 정치론」, 『다산학』 7호, 다산학
술문화재단, 2005.
「다산의 정치론 : 주자와의 거리」, 『다산학』 11호, 다산학술문
화재단, 2007.
· 이영훈, 「茶山의 經世論과 그 經學的 基礎」, 『다산학』 창간호, 다산학술
문화재단, 2000.
· 이용주, 「'경세실학'의 지식 실천」, 『다산학』 22호, 다산학술문화재단,
2013.

다산의 公廉공렴으로 세상을 바꾸는 목민관

박석무
다산연구소 이사장

대구 수성구에는 실사구시實事求是의 정치철학이 새롭게 살아나고 있다. 다산 정약용의 애민사상과 공렴정신이 '실사구시'라는 상징어에 녹아 있다고 믿는 이진훈 수성구청장은 『목민심서』를 비롯한 다산의 수많은 저서들을 탐독하여 그 사상의 진수를 찾아내 구정區政에 직접 반영하면서 그가 경험하고 실천한 내용을 소상하게 기록하여 『도시경영, 실사구시에서 답을 찾다』라는 책까지 펴냈다. 학자나 철학자도 아니요, 다산 전문가라는 소문도 없는 행정가의 한 사람이 어떻게 그렇게 다산에 대한 전문적인 지식을 지니고 있는지 감탄하지 않을 수 없다.

'실사구시'는『한서漢書』하간헌왕전河間獻王傳에 나오는 "수학호고修學好古 실사구시"라는 글에서 시작된 말이다. 임금의 덕행을 칭찬하는 구절로 '학문을 닦아 옛것을 좋아하며 현실적인 일에서 옳고 바름을 찾아낸다.'고 해석되지만, 그 글에 포함된 내용은 그보다 더 깊고 넓은 의미를 지녔다고 여겨진다. 조선 후기 영조 5년은 1729년인데, 그해 초봄 승지 벼슬에 있던 덕촌德村 양득중梁得中(1665~1742)은 임금 앞에서 국가의 정책을 건의하면서 가위적假僞的인 허위지풍虛僞之風이 학계를 주도하고 있는데 이제는 '실사구시'의 학풍으로 변화시키지 않으면 절대로 나라 안에 가득한 적폐를 청산할 길이 없다고 거듭 강조하여 진언하였다. 영조는 참으로 지당한 말이라면서 궁궐의 벽에 그 네 글자를 액자로 걸어놓으라는 하명을 하기도 했다는 기록이 있다.

이렇게 하여 조선에 실학사상이 연구되고 발전하면서, 실학과 실사구시의 관계가 정립되어 갔다. 가장 뚜렷하게 그 네 글자를 사용한 학설은 아주 뒤늦게 세상에 보편화되는데, 실학자 추사秋史 김정희金正喜(1786~1856)의 글「실사구시설實事求是說」이라는 논문에서 관념적이고 추상적인 성리학적 논리에서 실사구시의 논리로 변화시켜야 한다는 실학사상으로 구체화되기 이르렀다.

다산은 직접 '실사구시'라는 용어를 사용하지는 않았지만 그가 저술한 500여 권의 저서의 골격은 모두 '실사구시' 정신에 따라 저술된 책이었다. 특히 『목민심서』라는 다산의 대표적인 저서는 시작에서 끝까지 실제의 행정을 통해 옳고 바름을 찾아내 백성들을 살려내야 한다는 생각으로 가득한 책이다. 여기에 착목한 이진훈 청장은 행정고시에 합격한 뒤 목민관으로 일하던 대구시의 환경녹지국장, 경제산업국장, 수성구 부구청장, 문화체육관광국장, 기획관리실장의 직무를 수행할 때나 민선 5·6기의 수성구청장이라는 선출직 목민관으로 있는 동안 『목민심서』의 원리를 다산 선생에게 직접 물어가면서 행정을 구현했는데, 그 기조에는 실사구시 정신과 공렴정신이 그대로 나타나 있다. 양득중, 정약용, 김정희 이후로 '실사구시'가 정치와 행정에 최초로 실천되는 현실이 나타났다.

200년 전의 목민심서가 오늘의 행정에 그대로 부합될 수는 없다. 옳고 바르며 오늘에도 차이 없는 다산의 뜻은 그대로 적용하고, 시대와 역사가 바뀐 요즘의 일은 기본 정신을 바탕에 깔고 가장 시의에 맞고 진취적인 측면을 찾아내 실천해가는 경험을 솔직하고 정당하게 설명해준다. 책을 읽다 보면 200년 전의 다산이 살아나 자신이 목민관을 지낸 곡산도호부사 시절의 경험을 그대로 설명해주는 듯, 이진훈 청장은 자신이 집행한 행정을 다산처럼 자상하게 우리들에게 설명해주고 있다. 21세기 다산의 부활을 보는 듯, 탁월한 이 청장의 행정 능력에 손뼉을 치면서 즐거워하지 않을 수 없다. 이런 목민관 몇 분이라도 있다면 적폐로 가득한 이 대한민국의 현실을 염려하지 않아도 될 것 같다는 생각이 든다.

일생 동안 다산을 공부하고 『목민심서』를 읽고 살아가는 필자로서도 미치지 못했던 내용을 소상하게 알고 있는 이 청장의 깊고 넓은 지식에 칭찬을 아낄 수 없다. 이만한 목민관이 오늘에도 존재하는 대구시민들이 부럽다. 수성구민들은 얼마나 행복한 시대를 살아가고 있을까라는 생각을 하면 샘이 나기만 한다. 입으로만 말로만 백성을 사랑하고 정직하고 청렴하게 행정을 편다는 사람들, 과연 실제 행정에서 주민들 모두가 '참으로 그렇구나' 라고 믿음을 주는 행정가들이 몇이나 있을까. 실사구시야말로 실천과 실행이

전제되지 않는 한 성립할 수 없는 말이다. "정치란 바르게 하는 일"이요, "목민관은 백성을 위해서 존재하는 사람"이고, "역사는 고치고 바꾸는 혁신과 개혁에서만 발전한다."는 다산의 논리를 믿는 이 청장의 앞길에 무궁한 행운이 함께 하기를 바라며 훌륭한 목민관이 되려는 사람이라면 이 책 한 권 읽기를 권해마지 않는다.